Re婚相談所／Re婚シェルジュ

ナカヤ　タエ著

山中企画

女性を離婚のリスクから守る
～私の考える「Re 婚ビジネス」像とは～

Prologue

Bonheur

＃わたしの考える「Re婚ビジネス」像とは

「一年前の今、わたしは離婚前夜でした」

二〇一六年八月六日、「ソーシャルビジネス・スタートアップ講座」の卒業プレゼンで一位を頂いた時の挨拶の第一声です。私はその日のちょうど一年前の八月七日に離婚届けを提出しました。

結婚十二年目のことでした。離婚前夜の私は離婚届けの提出や公正証書のことで頭がいっぱいで元夫もまた複雑な面もちで、夫婦ともに不安から眠れぬ夜を過ごしていました。

一年後まさか私が起業を志してプレゼン発表をしているとは全く思いもよらず、そしてこのような余りある評価を頂けるとは思っていませんでした。

プレゼンのタイトルは**「横浜発　もしもの時の離婚の窓口～Re婚シェルジュがあなたにぴったり合った支援をします」**でした。

モラハラが大きな離婚原因でしたが、幸いにも円満離婚をした私は、性格も明るく、いつも離婚に関する話をこともなげな様子で話をするので、
「一年前の今、私は離婚前夜でした」
と厳かに言ったつもりでも会場がわっと暖かく沸いて、不思議な感覚に包まれました。

その後の懇親会でも「明日はちょうど離婚から一年だから、プレゼンの結果を元夫に報告しよう」と続け、言葉の通り翌日報告しました。

ソーシャルビジネス・スタートアップ講座とは、横浜の関内イノベーションイニシアティブ株式会社が起業家教育・育成事業として運営している事業で、横浜市も関わっています。ソーシャルビジネスに関心のある方々が集い二か月ほどの期間で、十五コマの講座を受けるプログラムです。中間プレゼンで事業内容を発表し、代表の治田さんの愛あるダメ出しを受けてブラッシュアップし、卒業プレゼンを経て卒業となります。

私は講座を受けているうちにいつしか御学友の方々と部活のような感覚で通うようになりました。切磋琢磨して成長できたこの期間はかけがえのない宝だと思っています。

評価は身に余りある光栄ですが、見合うような自分になれるように努力をして頑張ろうと思いました。

初めてのパワーポイントにプレゼンとつたないながらもやりきれただけでも十分実りがありました。

今ではシェアオフィスを横浜企業経営支援財団ＩＤＥＣの女性起業家支援のための「Ｆ—ＳＵＳよこはま」に構え、中小企業診断士の皆さんに支えられ創業準備で忙しく奔走しています。

おかげで去年は離婚で泣きながら通っていた役所周辺でしたが、今はもう晴れ晴れ通れるようになっていました。

そしていよいよ十一月から、私の抱いていた「Re婚ビジネス」構想は現実にスタートしていきます。

「Re婚ビジネス」構想とは何か？　いったいなぜ？　何を目指して、どんなことをやっていくつもりなのか？　本書をお読み頂ければ幸いです。

ご利用者の方にも離婚に携わる専門家の方々にも事業内容をできるだけ誤解なくご理解頂けるように、そして問題意識に対して声をあげていくために、そして共に大きな構想を目指すことのできる方を探すため、この本を書きました。

＃Re婚とは？

ではRe婚とはどういう意味か？

それは「幸せに向き合い、結婚生活を見直し、向上・改善すること」です。

そして「後悔なく主体的で前向きな選択をすること」です。あくまでも「幸せ」が目的であり「離婚」や「復縁」は選択肢の一つです。

そのため、もしも夫婦両方でそれぞれ依頼されることがあっても目的がぶれることはありません。

#Re活とは?

「Re活」とはRe婚活動の略です。もう一度、結婚生活や本当の幸せの意味に向き合い、**「離婚に至らないために結婚生活の秘訣を学んだり、見直しや改善をすること」**と、**「離婚を意識した上で、万一に備え、本当に離婚すべきかを再検討する」**という二つの活動のことです。

＊＊＊＊＊＊＊＊＊＊＊＊＊＊＊＊＊＊＊＊＊＊＊＊＊

★離婚ではなくまずRe婚を……

「このまま離婚して本当に良いのかな??」離婚を意識したらまず、決める前に「STOP！　離婚ではなくRe婚を！」

一度立ち止まり、見直し、未来を描くお手伝いをします。

【あなたは今、幸せな結婚生活を送っていますか?】

【幸せな未来が見えますか??】

どこか思うところがあれば、一度真剣に幸せに向き合って、「未来の自分が輝くために、今わたしができること」を考え、前向きなRe活をすることをお勧めします。漠然としたモヤモヤした気持ちの方は、まずは定期開催する『円満Re活カフェ』でお喋りしましょう。★

＊＊＊＊＊＊＊＊＊＊＊＊＊＊＊＊＊＊＊＊＊＊＊＊＊

Re活ではあらゆる可能性を視野に入れ、自身の幸せについて再検討します。Re活をすることで離婚をしないという選択肢も考えられるようになります。

あえて私は「離活」を「Re活」、「離婚」を「Re婚」とすることで、より新しい可能性を提示していこうと思っています。

数年越しの長期的な未来に向けてのRe活支援をはじめ、もし離婚に至ったとしてもその後のフォローができる支援事業を行います。

「離婚をすれば幸せ」でも、「離婚を思い留まれば幸せ」でもありません。

あなたの悩みに寄り添いあなたにぴったり合った最善策をともに模索します。

Re婚相談所／Re婚シェルジュ 目次

＃不安を少しでも和らげるほっとできる場所
＃離婚をしたいけれど　何からどうしたらいいかわからない……
＃もしあなたが離婚となったら……？
＃家族や友達に相談する
＃同じ状況・環境の人の情報を知れる・繋がれるＳＮＳを作りたい
＃離婚の九割が協議離婚「できれば円満に離婚したい」
＃口約束による養育費不払いを防止するために……
＃とにかく準備が辛い
＃準備をするのは結局自分……
＃備えがあるとないとでは大違い
＃既存の離婚ビジネスの現状
＃自分で行う総合的な作業を補助し、管理してくれる秘書のような存在が必要
★離婚準備支援協会
★余分なお金がかかっちゃうんじゃないの？
＃離婚専門家以外の他のサービス……

第三章　十一月二十二日良い夫婦の日　Re婚相談所プレオープン

第一章～もしもの時のRe婚の窓口～

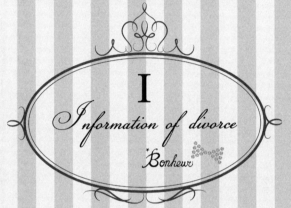

I

Information of divorce

Bonheur

「離婚」を意識している人たちの身近なインフォメーションセンター

#もしもの時のRe婚の窓口

ソーシャルビジネスの講座での卒業のプレゼンのタイトルは『もしもの時の離婚の窓口～Re婚シェルジュがあなたの状況にぴったり合った支援をします～』でした。

「もしもの時の離婚の窓口」とは離婚を意識したり悩んだりした方が、離婚をするつもりがなくても「もしも……」の時に備え知識を得て可能性を広げたり、自分は離婚をするつもりはなくても「もしも……」旦那さんが家を出て行ってしまったり、一方的に離婚を突き付けられた時の**駆け込み寺のような場所のこと**です。

それだけではなく「最近結婚生活がうまくいかない。見直し、改善したい」方も対象としています。

＃不安を少しでも和らげるほっとできる場所

私は離婚をする時、離婚相談所はあるようでないなと思いました。

ここにくれば安心と思えるような気軽に訪れることができる**「離婚に関する身近なインフォメーションセンター」のような場所……。**

そして離婚に関する必要な情報がワンストップで揃い、さらにその人の状況ごとに合った注意点や様々な方法、サービス、専門家を紹介してくれる。

そして、そこでは離婚経験者の様々な経験やノウハウ「こんなこと誰も教えてくれないし、どこにも書いてなかった！」というような離婚虎の巻を離婚経験者から集めている……。

その情報インフォメーションセンターの「オペレーターのような人」が私の考える「Re婚シェルジュ」です。

離婚準備というと負の要素が強く、家庭内のことのせいかあまり細部まで明らかにされておらず、不透明な部分が多いのが現状です。女性における離婚のリスクは大きいのに、必要な情報が少ない一方で、汎用的な情報ばかりがあふれ、取捨選択が難しいのです。ならば離婚に関する準備が集約されており、「ここにさえ来ればワンストップで離婚の準備が完了する！」というような場所があればいいと思いました。

＃離婚をしたいけれど　何からどうしたらいいかわからない……

そう思って途方に暮れている方たちが実に多いのに……その方たちの行き場がない。

「まず何からしていくのか？」「自立するにも仕事はどうする？」「住まいはどうする？　保険は？」「どの弁護士さんがいい？」

その方ごとに具体的な準備の整理ができる準備シートやスケジュール管理のカレンダー・そしてTODOリストなど実践的なトータルサポートが必要だと考えました。

イラスト
:kaoru

＃もしあなたが離婚となったら……？

あなた、もしくはあなたの周りの大切な人が、いざ離婚をするとなったら、どうするか？

皆さんの取る多くの行動は、

①まずネットで調べ
②家族や友達に相談する
③そして頭によぎるのは、弁護士……調停
④離婚に対する知識のある方は公正証書……行政書士も頭に浮かぶかもしれません。

何より一番の不安は離婚後の生活のことです。

しかし離婚を考えたことのある方は経験があると思いますが、①ネットは通り一辺の法律知識、万人向けの情報が一方的に載っているだけで、参考にはなるけれど自分に即して考えた時どう使っていったらいいかわかりません。

＃家族や友達に相談する

②家族や友達に相談しても様々な意見を入れないと偏るし、ただ一人相談した相手が「そんなのたいした事ない。我慢しなさいよ。子どもは小さいし離婚なんて無理よ」などと、ただの無理解で解決策も示してくれない場合、閉ざされたような気持ちになってしまうことがあり、自身の意見を否定されるとその後の行動が狭まってしまいます。また、友達に「この弁護士やカウンセラーいいよ」と紹介された専門家が、必ずしも自分にも合うとは限りません。友達の手前、違和感があっても専門家を変えられなかったり、例え守秘義務があると知っていてもあけすけに何もかも話せない事があるそうです。

私は離婚の時はあえて冷静に判断するために、いろいろな考えの方に話をして、意見を貰いました。友だちの中でも「**離婚経験者**」は生の経験談としてネットよりも実践的で貴重でした。家庭環境や状況はそれぞれでやり方が違うけれどそれでも「**なるほどこんなやり方もあるのか**」という部分があり、自分に必要な情報を集約すべく聞きまわったのです。

もし離婚を考え始めた初期段階で相談した家族や友だちに豊富な知識と人脈があり、多角的な視点でアドバイスしてくれ、夫婦関係向上・改善のための様々なアプローチや可能性も含めて示してくれたら……ただ嘆くばかりの日々ではなくなるかもしれません。けれどそういう方はなかなかいないし、家族や友達だと感情が入ってしまうので、そこに私たちRe婚シェルジュの存在意義があると思います。

私たちのRe婚相談所は離婚の当事者だけでなく**家族や友人の方が情報を得たり**手助けしたりするときのために使うことも可能です。

＃同じ状況・環境の人の情報を知れる・繋がれるSNSを作りたい

友人に聞きまわった時に思ったのが、家庭環境はそれぞれで「世帯収入・子どもの数・住まいの状況」が異なり、全く同じような家庭を探して参考にするのは難しく、人それぞれ全く悩みが異なるために近くに話を聞ける先輩がなかなかいないということです。

それでも同じ悩み同じ状況ごとに全国的に検索すれば、似たような人がいるかもしれません。子どもが「乳児」か「中学生」かの年齢ごとにも事情が異なってくるし、悩みや心配事も変わる。詳しく細分化したらきりがないけれど、例えば子どもが「三人」いれば三者三様だし、その中でも「父母で別々に引き取る場合」住まいなら「共同名義」「オーバーローン」とか、問題ごとに「モラハラ」「ギャンブル」「配偶者や子どもの発達障害」など細分化したワードごとに検索して、自分と同じ状況、境遇、悩みの人がどういう風に離婚してその後どうなったか、もしくは離婚を思い留まり、問題が改善された人にはどういうターニングポイントがあり、現在どうしているか？　知ると知らないでは大違いです。

もしそのような事を知ることができれば、狭い世界で考えるよりずっと、大きな視野に立ち、可能性を広げることができるはずです。

だから同じような家庭問題や離婚に悩む人達との繋がりを提供するのはとても有効です。

その点でＳＮＳは効果的なツールです。全国的なＳＮＳ、さらに離婚問題に特化していれば自分と状況、環境の似た人や離婚経験者とつながれることも容易になると考えました。

そして思い描く理想のサービスは、既存のＳＮＳでは対応しきれない点が多いと感じています。

＃離婚の九割が協議離婚「できれば円満に離婚したい」

③弁護士といっても普段馴染みがないといったいどこに行けばいいのかわかりませ

ん。

行政の無料弁護士相談も回数制限があったり担当が離婚には疎かったり、高齢で話が通じ辛かったり……。

私も行き慣れていないので良いのか悪いのか、値段も適正なのか判断に困りました。弁護士も専門分野や得意分野もそれぞれで、考え方も様々です。「自分と同じ方針の弁護士なのか？」を知るまで何人もまわるのは難しいし、その度に事情聴取のように離婚の経緯を話すのも時間ばかりがかかります。

普段ならネットでよく検索して適切な専門家を選んだりするけれど、離婚で辛い時は正常判断ができないこともあります。

そして実は**「離婚の九割が協議離婚」**です。調停や裁判になるケースは一割。弁護士に相談に行ってわかったことは、弁護士は裁判沙汰になる時にお世話になるものだということです。そして法律を超えた問題が離婚の背景にはたくさんでてきます。
私は、**「できれば円満に協議離婚をしたい。それが叶わない時に利用しよう」**と思いました。

それです。

また、離婚調停をすれば解決される問題ばかりでもありません。調停員もまたそれぞれです。

＃口約束による養育費不払いを防止するために……

④「離婚協議書」を夫婦間で締結したり、裁判所と同じ効力を持つ強制執行文言付きの「公正証書」を公証役場で締結する方もいます。強制執行文言付きの「公正証書」では養育費不払いの時に給与の差し押さえができます。

しかしそれも全てではありません。それでも不払いの場合もあります。

公正証書で取り決めた約束が守られているのは、四五％、調停離婚では、さらに悪化し、二八％との調査結果もあるようです。

「公正証書」は行政書士が間に入り作成のお手伝いをしてくれます。特に揉めるところがない場合や、行政書士に頼む資金力がない場合は行政書士を通さなくても、夫婦間で条件等が決まれば公証役場にいくと公証人が案文を作ってくれます。しかし公証人もそれぞれです。

しかもきちんと決まった状態で来ないとまとめられないので、行政書士を通すように言われたりもしますし、大事なことなので経験豊富な行政書士に依頼することが離婚後の権利を守ることに繋がります。

私自身、行政書士に頼む資金力がなく離婚を諦めかけたことがあり、自分でまとめようと弁護士の友人のアドバイスのもと案文を書き、自ら公証人の方とやり取りをしたことがあります。だからこそわかることですが、**公証人の方もそれぞれ**です。

自ら作った案文を元に公証人に案文をお願いしましたが、あまりにも意図するものと違う方向に書こうとするため、依頼を取り下げ、そのため着手料を余分に払うことになりました。結果、別の公証役場に依頼する羽目になりました。

もし知識がなければ公証役場は一度頼んだら変えられないと思ったり、どこも同じだと思うかもしれません。

また逆に自分たちで作った曖昧な文言の離婚協議書をあまりチェックもなしにそのまま書いてくれたとしても、後の裁判で裁判官が解釈に困り想定通り裁判が進まないなどの、想定外の不利益を起こす場合もあります。

私たちRe婚シェルジュは、大切な権利を守るためには有能な行政書士に繋ぎ、、なおかつ意図しているものが表されているか共にチェックさせて頂くことが役割だと思っています。

＃とにかく準備が辛い

そして私が思ったことは、役所に行くにも何をするにも精神的に辛いことです。

私はまだパートでしたのでなんとか時間も作りやすかったのですが、離婚を意識しフルタイムで働きだした方はとにかく仕事が忙しく準備をして回る時間もありません。


だから昼休みや仕事の合間にRe婚シェルジュにメールなどで依頼をして専門家や各種サービスを手配して貰ったり、スケジューリングやTODOリストを整理して貰い、役所に書類を取りに行って貰ったりと、本来自分でやる事の負担が少しでも軽くなるだけで気が楽になります。「離婚は結婚より大変……」と言われているわりに結婚相談所はたくさんあっても離婚相談所はあまりみかけません。

負のイメージからか、離婚の準備を手伝うことは離婚を助長するようで嫌われるのかもしれませんが**「離婚の準備で、辛く大変な人」がいる以上**その方たちの**苦痛を和らげる支援が必要！**　だと思いました。

準備するのは結局自分……

漏れなく準備して自分や子どもの権利を守るのも、配偶者の性格やパターンを熟知しているのも、何よりもこの先自分の人生を歩んでいくのも自分自身です。自分自身がしっかりして、今後のことをよく考え、「本当にこのまま離婚してよいのか？　大丈夫か？」

考え直し見つめなおすために、あくまでも、準備・プランニングシートの記入は**ご自身にして頂き、**足りないところや自分では考えられない第三者的な視点をいれていくためにRe婚シェルジュがいます。無理のないようなアドバイスや気づきを促すことで、ご自身の主体的な後悔のない選択を引き出すことを目指します。

＃備えがあるとないとでは大違い

いざ離婚となってからいろいろと準備しても遅いこともあります。知識もお金もスキルも。そして記録も。私は幸い離婚するつもりはなかったものの「もしもの時の……」という意識が高く友達にも弁護士がいたおかげで記録を残していました。けれど、もし十二年の記録を残していなければモラハラは立証が難しく権利を守ることも、円満な離婚もできなかったかもしれません。

そして同時に記録を残しておくことの難しさもわかっています。

壊された物も証拠として取ってはいましたが、何度捨てようと思ったことかわかりません。特に夫婦がうまくいっている時は、記録したり証拠を持つという行為が「離婚を前提にしているようで嫌だし、邪魔だから捨ててしまおう」と思いました。

音声記録の保管にも非常に困ったことから記録を適切に残すためのツールを作りたいと思いました。

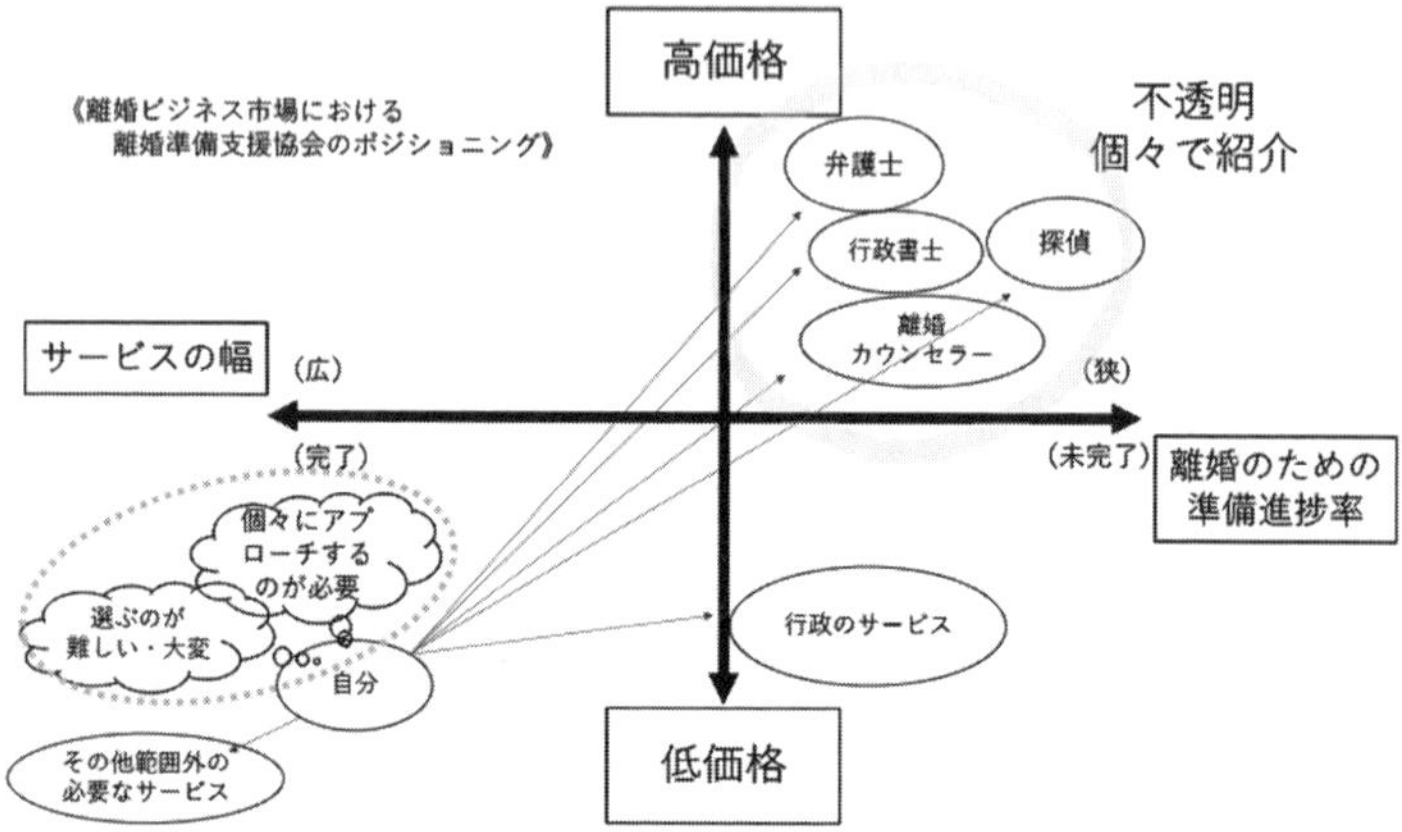

《離婚ビジネス市場における
離婚準備支援協会のポジショニング》

既存の離婚ビジネスの現状

既存の「離婚ビジネス」は、いわば「点」のサービスです。

専門家が個々にサービスを提供していて、全体が「線」としてつながっているとはいえません。離婚カウンセラーによっては弁護士や探偵と繋がっていたり、弁護士も不動産業者、保険業者と繋がりのある幅広い人脈の方もいますが、基本的には個々で紹介しあい、誰と誰が繋がっているか、こちら利用者からしたら不透明でわかりにくいのが現状です。

私は離婚カウンセラーはあくまでカウンセラーで相談業務に特化している専門家だと思っ

ており、コーディネーターやコンサルではないという認識でした。利用者からは理解しにくいし、私のように相談不要と思っている人は、離婚カウンセラーには行きつかないことも多いのだと思いました。せっかく素晴らしい専門家がいるのに相談者が行き着かないのは勿体ないです。

また、あまり他業種と繋がりがない専門家だと一つ一つ、他の専門家に依頼をしなくてはならないので、手間もかかります。紹介されたとして専門家の囲い込みのようなかたちで、選択肢が広がらないこともあるといえます。

そしてどんな専門家に当たるかでまったく結果は違ったものになります。

自分で行う総合的な作業を補助し、管理してくれる秘書のような存在が必要

離婚準備は結局自分でしか完結できません。そして一番お金をかけないのは全部自分でやることです。調停や裁判だって弁護士をつけずにできます。

しかし難しいので現状は自分で専門家やサービスを個々に選び取っています。

しかし通常ではできるこのような作業も離婚時は辛く、難しい。これから離婚を考えているような時なら、他にもしなくてはいけないことも山積で、なかなか調べることもできないのです。

＊＊＊＊＊＊＊＊＊＊＊＊＊＊＊＊＊＊＊＊＊＊＊＊＊＊＊＊＊＊＊＊

★離婚準備支援協会

その作業に寄り添い、できる限り自分で行う作業を軽減し、その作業に寄り添うために離婚準備支援協会という一般社団法人を創りました。そこに「もしもの時のRe婚の窓口」「離婚準備のインフォメーションセンター」としての私たちの役割があります。

そして既存のビジネスを解りやすくオープンにまとめます。更に他の必要なサービスとも繋ぎ、必要なことは補い提供できるようにします。

離婚準備支援協会とは離婚を決めた方への準備の支援を実践的に行う組織でRe婚相談所の業務の一部です。★

★余分なお金がかかっちゃうんじゃないの？

入会金はできるだけ手軽な価格にしています。離婚は今後の人生においてとても重要な問題です。自分の中の狭い世界でしか見えないと選択肢も狭くなり、あとで後悔したり、無駄な作業がかかったり、無駄なお金もかかるかもしれません。

実際私も、公証役場では実印と印鑑証明が必要だと思い込み、実印を急いで購入しましたが、結果本人が来所すれば実印でなくても良いと知り、無駄なお金がかかりました。

公証人も案文作成依頼後に変えたので着手料が余分に掛かってしまいました。

自分で準備が何でもできてしまう人もチェックの意味で入会してみることをお勧めします。

サービスの幅も広い上に、価格的にも、個々に弁護士、カウンセラー、行政書士などを雇うより安価でご提供できると思います。それは弊協会が作業を効率化することにより、紹介した先の専門家でRe婚相談所としての特別価格で提供してもらう事も可能だからです。

　また、価格以上にこの時期の管理業務を委託できることで何より気分や精神的苦痛が和らぎます。離婚を決意したときは一人でこれからの生活を思案していくのでとても孤独です。夫婦二人から一人になる不安を解消し、さらに「常に相談できる参謀、右腕がいる」というようでとても心強い、と好評を頂いております。満足のいく価値的な支援を目指します。★

＊＊＊＊＊＊＊＊＊＊＊＊＊＊＊＊＊＊＊＊＊＊＊

＃離婚専門家以外の他のサービス……

離婚に関する専門家に限らず離婚時にはその他いろいろな専門家の助けが必要です。キャリアカウンセラーをはじめとする各カウンセラー、不動産業者、保険業者、引っ越し業者……行政窓口……。

すべて本来自分でサービスを選び取って予約し、日取りを決めていくものです。離婚の実践的準備とともに幅広くご自身が抱えるこの膨大な作業に対して寄り添って、離婚準備について秘書のようマネジメントをし、コンシェルジュのように要望に寄り添い、叶えてくれる第三者の存在が必要です。

Re婚シェルジュは書類集めの代行もすれば、専門家のもとに訪れる際の同行もします。

＃「未来が見えない……」

離婚を意識している方、本格的に離活を始めている方がよく口にする言葉です。つまり「線」という以上に、未来の自分を築いていく面のサービスが必要です。「多角的な支援で未来の準備をしていくこと」、「離婚した後もずっと安心と思えること」それがとても必要だと思っています。これはつまり従来なかった「面」のサービスに他なりません。多角的、複合的、未来志向ではじめて面のサービスといえます。

Re婚相談所では離婚するしないに関らず、未来の自分のための基盤づくりを行います。

＊＊＊＊＊＊＊＊＊＊＊＊＊＊＊＊＊＊＊＊＊＊＊＊＊＊＊＊＊＊＊＊＊＊＊

★こんなケースには??

たとえば裁判や調停はするつもりはないけれど……旦那さんとの交渉をうまくいかせるためだけにちょっと誰か法律家を間に挟みたいとします。このケースなら弁護士や行政書士どちらでもいいし、更に離婚が専門分野でなくてもいいでしょう。旦那さんが気に入るような性格や容貌の方がいいかな、とか、逆に威圧感のあるタイプがよいかなとか。

またはご相談者自身の相談を親身に聞いてくれるやさしい女性弁護士がいいのであればそういう方を選ぶこともできます。

ネットで調べても、ご相談者との相性まではとてもわかりません。

必要な分野の専門家とパイプをつくり、ご本人と合いそうな方たちを揃えて紹介できるような組織があるといいのです。★

＊＊＊＊＊＊＊＊＊＊＊＊＊＊＊＊＊＊＊＊＊＊＊＊＊＊

中間組織の必要性　今頼んでいる専門家が適切か？

先も述べたように専門家もそれぞれですし、裁判所の調停員もそれぞれです。専門家が適切な仕事をしているか？　自分だとなかなかわかりません。

私たち中間組織として果たす役割には離婚ビジネスの適正化のための監視役のような役割があると思っています。

今関わっている専門家が適切か？　行き詰まったり迷ったり違和感があればチェックのためにいらしてください。

＃離婚は決してゴールではない

離婚をゴールに設定して離婚するために早急に物事を決めてあとで後悔する場合もあります。例えば友人に勧められるがまま保険の営業になったものの、いざ離婚して働き始めると営業は苦手でそのうち働くのが嫌になりうつ状態になり……更には養育費も不払い……ということも実際に起きています。

だから離婚後をしっかり見据え準備をすることが大切です。

準備シートを書き出してみてやっぱり離婚はやめようと思うことがあります。何もせずに現状を漠然と嘆くより動き出すことにより未来は拓かれることもあります。すぐに離婚は考えてはいなくても興味のあるお稽古事を始めてみたり、資格を取るために勉強したり、新しい世界が拓かれることによって現状が良く思えたり、仕事を始めてみたら旦那さんも協力的になったりして考え方も状況も変化するかもしれないのです。離婚をゴールとして設定するのではなく、「幸せ」を目的に動くことが私の考えるRe活です。

II
Story of Bonheur

*Bonheur

始めようとしている事業全体のVision・Mission

#「Bonheur」はフランス語で「幸せ」

会社名を「Bonheur」としたのは事業の基準や目的が「幸せ」だからです。「離婚」とか「結婚」などの状況ではなく「幸せ」に焦点をあてるという原点に常に立ち返るためです。

家族・夫婦・離婚に関する問題の解決を通じ、個々が幸せを感じられる社会をめざしていきたいと思っています。

#幸せを感じられる社会を目指し、輝く女性を応援する

どんな気持ちで生活をしているか……世間体とか状態などを幸せとして捉えるので

名称：株式会社Bonheurボヌール　**ｂｏｎｈｅｕｒ＝仏語で幸せ**

理念：**「幸せを感じられる社会」を目指し、「輝く女性を応援する」**

５つの社会的意義：○主観的幸福度の向上　○社会問題早期予防・負の連鎖から幸せの連鎖への転換
○経済の流動と生産性向上　○婚姻生活の質向上　○女性の自立・雇用の創出

６つのミッション：MI6
・女性を離婚のリスクから守る！
・結婚生活の質を底上げする（幸せな夫婦・家族を増やす）
・結婚に囚われない自立した女性を増やす
・DV等社会問題の早期予防・対策で負の連鎖を断ち切り幸せの連鎖を広げる
・備えある賢い女性を増やし、幸せな女性を増やす。
・輝く女性を増やし、周りの老若男女を照らしてゆく

クレド：目の前のひとりの女性の可能性を尊重し、幸せや安心を感じられるサービス
コンセプト：『未来の自分が輝くために、今わたしができること』
ロゴ：可能性や選択肢を広げるおまもりのリボン

はなく、今の自分に心の底から幸せを感じて生活を送れるような社会を目指します。

私自身もかつてそうだったのですが、劣悪な環境下でも「結婚をしている」ということに固執している時、その環境から抜け出すことは容易ではありませんでした。

かつては、「結婚生活がうまくいっていないことが恥ずかしい。離婚するなんて恥ずかしい」「忍耐力やコミュニケーション能力がないのでは？」と思っていました。しかし勇気を持って自分の現実を見つめなおし、「結婚をしている私」という囚われた考えから脱却し、「幸せ」という視点に焦点をあてた時、何が必要か自ずと理解できたのです。

「Re活」はみだりに離婚を助長するのではなく、

無理をしたり、我慢して、仕方なく自分の幸せを諦めたり犠牲にしがちな女性が**「結婚している今の私が本当に幸せなのか」**を模索する作業でもあります。「心の底から幸せでないと感じるのであれば、もっと素直になって、早めに問題解決に向かうこと」を一般的とするような社会が訪れることが望ましい。「結婚＝幸せ」という、かつての古い意識や概念から解放されることで、もっと女性が輝けるのかもしれないと思います。

未来の自分が輝くために、今私ができること

それがBonheurのコンセプトです。
離婚するかどうか悩んでいる方には、なにか、まず動いてみてほしい。
それがきっかけで幸せを感じられる主体的な毎日が訪れるかもしれない。

何より、もしも一方的に別れを告げられても常に努力していたことにより「あの時こうしておけば……」「どういう私だったら良かったのかなぁ」と後悔することが少

なくなります。

努力してお互い歩み寄っても溝が埋められないと判断すれば、離婚することも納得して前向きに受け入れられるかもしれません。

「未来の自分が輝くために、今私ができること」はなにか？

それをご本人とともに徹底的に模索し、応援していくのがBonheurであり、所属するRe婚シェルジュたちなのです。

＃Mission

この事業には、大きく分けて六つのミッションMI：6とその成果として達成したい社会的意義が五つあります。

【MI：1　女性を離婚のリスクから守る！】

女性が離婚することは、男性に比べてとてもリスクが高い。

リスクをどう回避できるか？　一番は離婚せずとも幸せと思えるような家庭を増やし離婚に至らないようにすることが、離婚のリスクから免れることになります。

それでも、中にはご自分は離婚をしたくなくとも、突然離婚を要求され知識や準備がないままに親権や家を失う女性もいます。そのような時、精神的、経済的に弁護士に相談できない女性もいます。リスクから身を護るための Re 婚活動は、そのような状況に陥ってもすぐに応対できる環境を備え、回避できる知識や賢さを身につけるため、権利擁護の意義も深いと考えます。

既存の離婚ビジネスでは離婚のリスクから守れない!?

また左の図のように既存の離婚ビジネスは離婚を意識した方や相談必要な方しか守れません。しかし意識してからではもう既に遅い場合が多いし、離婚を切り出してからでは可能性が狭まってしまいます。新婚時代のラブラブな時からの取り組みが非常に重要です。

なにも既存の離婚ビジネスで満たされているのであれば、そのビジネス体系は崩そ

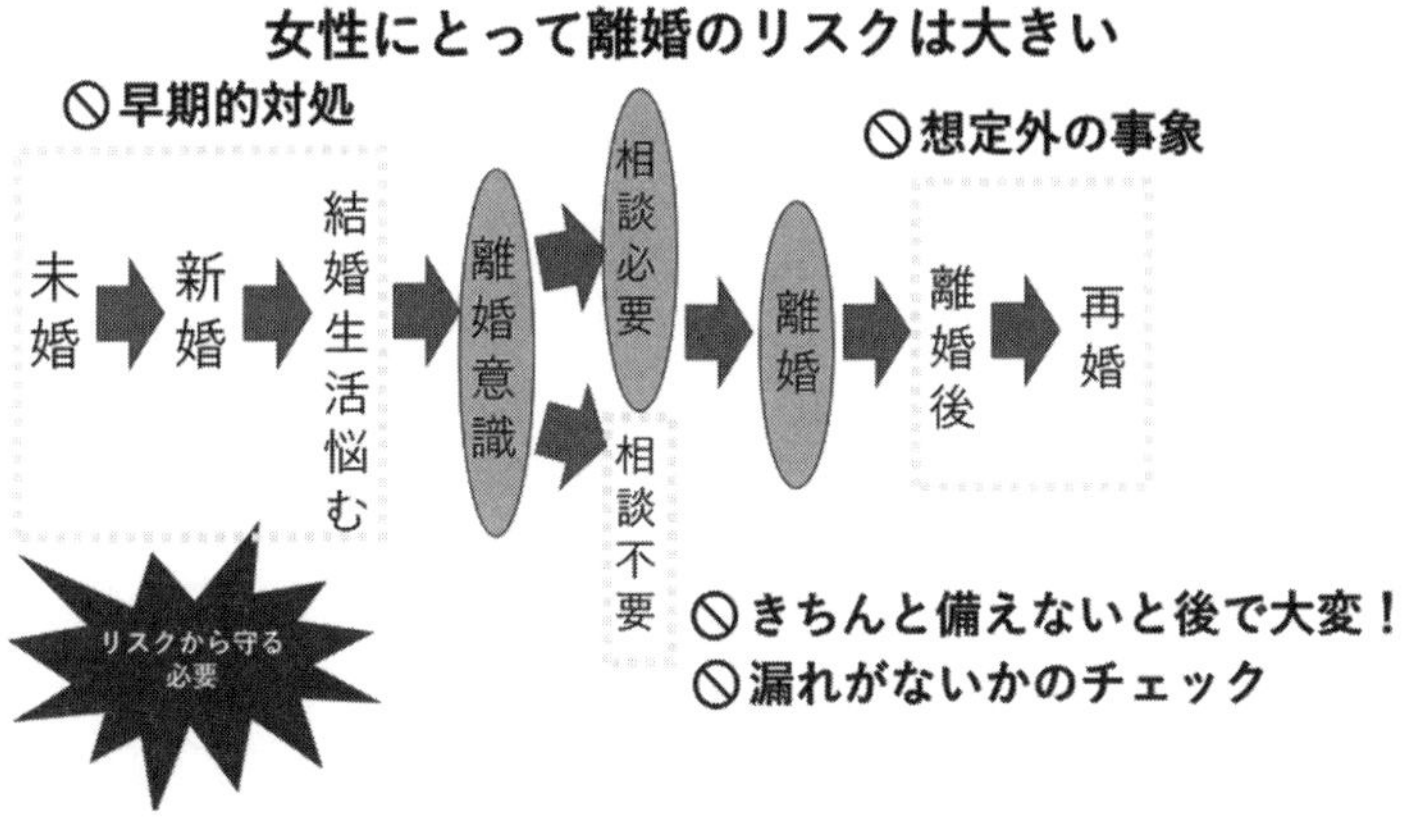

うというのではありません。私が取り組みたいのは既存の伝統的市場では満たされていない、もしくは掘り起こされていない潜在的ニーズに対してです。ソーシャルビジネスである所以はそこです。

（ソーシャルビジネスについてはⅨ章参照）

また意識はしていても既存の離婚ビジネスが高額で利用できないという場合、従来の受益者が受益できていない状態であることから、できるだけ安価で情報格差是正に寄与するような気軽なサービスが必要であると考えます。

Re婚相談所が窓口としてサービスをできるだけ安く広く提供しニーズを掘り起こすことで結果、既存の離婚ビジネスへの全体の見込み利用者が増え利益の増大が見込めることに繋がります。

＃未婚の人は結婚（婚前）契約書も視野に……

昔のように結婚は永久就職ではない時代です。専業主婦になるなら、もしもの時の相当の権利を話し合っておくのもいいかもしれません。

また、結婚前にお互いの価値観を確認したとしても、その価値観はあくまで結婚前のものに過ぎず、結婚した後に状況によって変わりうるものだときちんと認識することが必要です。

結婚後は状況に応じて臨機応変に真に相手を思いやり、共に努力をしていく姿勢が必要であると思います。そして頭では理解していることの努力を実践することが大切です。（巻末の付録『円満ピザチェック』が価値観を認識するのためのツールです。ぜひやってみてください）

＃カウンセリングは必要ない、相談は要らないとお考えの方へ

自分で何でもできる人や、かつての私のように相談は不要と思っている人が実はあとで後悔することが多いのです。「そんなこと知らなかった。ああしておけばよかった」など、後悔のないようチェックだけでもしたり、気軽な気持ちでカウンセリングを受ける契機になれば、初期段階で問題の予防や重篤化を防ぐことができるし、前向きに新たなスタートをきれるのです。

＃先々の事までよく考える

改善の余地はないほど努力して後悔を残してはいないか?

この条件で離婚して本当に大丈夫なのか??　ゆくゆくどうなるか先はわからないけれど、可能な限りいろいろな場合もきちんと想定して……抜けはないか??　を考えてみる作業が必要です。

Re婚相談所では対応に行き詰まった方に対して一人のRe婚シェルジュだけでなく何人かで智慧を出し合い提案をすることもできます。所属の専門家にチェックして貰うことも可能です。

養育費を貰うことばかり考えて喧嘩してやりあって、弁護士をつけて結果、貰いすぎて児童扶養手当の要件から外れる……ということもあります。弁護士さんは、**「養育費の八割を所得とみなされますよ！　もしかしたら要件から外れてしまうから一度計算してみましょう！　ここはケンカするより低い金額でも細く長く貰い続けられそうな円満な道もありますよ」**などと教えてくれるとは限りません。

＃三組に一組が離婚する？

平成二十二年国勢調査人口等基本集計で日本の離婚率は三十六％。毎年平均約七十万組が結婚するのに対し二十五万組が離婚しています。

「三組結婚しても一組が離婚する」

今や離婚は珍しい事ではなくなり、離婚に対する偏見や抵抗も減ってきています。また、女性の社会進出により離婚後も経済的に自立できる女性が増えました。その結果近年では、幸福追求の一つの選択肢として不毛な結婚生活に見切りをつけ離婚を選び前向きに活躍する女性も増えました。

身近にも離婚が増え実感が湧いるかもしれませんが私も、かつては「結婚したら絶対に離婚なんてしない、何がなんでも生涯寄り添う」と離婚をするなんて露ほど考えいませんでしたが、それでも離婚をしました。

自分に関係ないと思っていても大切な友人が悩むことがあるかもしれません。

身近な問題であるし、離婚しないための努力も「三組に一組離婚する可能性がある……」そう実感すること自体に非常に意味があると考えます。リスクから身を護るための Re 婚活動は、そのような状況に陥ってもすぐに応対できる環境を備え、回避できる知識や賢さを身につけるため、権利擁護の意義も深いと考えます。

【MI：2　備えある賢い女性を増やし、幸せな女性を増やす】

備えとは離婚に対してだけではありません。様々なリスクから女性を守るリスクマネジメントを行なっていくことを目指します。

離婚においても、今まさに離婚に至る前の「離活」だけでなく、「備えとしてのRe活」という新しい視点に着目しています。離婚活動に「万が一のため」という保険的な部分を付けていくことで、女性に本来備わっている危機管理能力に訴えかけます。リスクマネジメントや備えとして早期的にそして気軽に参加できるようになります。

＊＊＊＊＊＊＊＊＊＊＊＊＊＊＊＊＊＊＊＊＊＊

★モラハラ・DVは漢方治療や腸内環境改善で軽減する?!

私はこの仕事をはじめるようになってはじめてそのような方法もあるのだと知りました。「十年前の私がこのことを知っていたら何か違ったかもしれませ

ん。もっともっと早期的に真剣に向き合っていれば良かった」だから知識が大切だと思っています。★

★「おかしいなと思ったら……」もしもの時のために記録をしておこう

記録はＤＶ、モラハラだけではありません。

浮気もまずは探偵から行動のパターンを記録するように言われます。「行動がおかしいな」と思ったら記録を取ってみましょう。変化に気を配ることで、心身共に病気にも気づけるかもしれません。★

＊＊＊＊＊＊＊＊＊＊＊＊＊＊＊＊＊＊＊＊＊＊＊＊

＃未然に防ぐ　根本からなおす

MI：2で未然に防ぎMI：3で根本からなおす……。

Bonheur は皆さんの幸せを守ります。

【M-:3 DVなど、社会問題の早期予防で、「負の連鎖」を断ち切り、幸せの連鎖を広げる】

モラハラ・DVという家庭内暴力から女性や子どもを護ることは国の重要な責務です。

厚生労働省の生活習慣病予防のための健康情報サイトでは「DVを受けることなく安全に生活していくためには、被害者自身が、被害者を支援するための情報を入手し、それを活用することが不可欠であるが、多くの場合DVによって被害者は社会から孤立し、情報を入手する機会が制限されており、一方で被害者に自分がDVを受けているという認識がないために、相談に至らないことも多い。被害者が自分のDV被害に気づき、一人で悩むことなく相談できるよう、相談窓口を広く周知することが必要であり、被害者に対し、早い段階で相談し、情報等を得るよう呼びかけることも必要」

と言っています。

私自身もモラハラを重篤だと気づかず生活していた経験をもち、「大ごとにする程でもない、認知したくない」という気持ちも重なって、相談を考えたことはありませんでした。

そのため子ども達を悪環境で育てている実感はあったものの重篤だと気づかず、むしろ子どものために離婚しませんでした。

私が離婚に踏み切った理由は、その悪環境に気づき子どもや自分、更には元夫の精神安定のためです。

重篤な問題を抱えながらも「離婚」となると二の足を踏む女性達も、本事業で早い段階から離婚の知識やSOS窓口を得ることになります。また、**その導入を、気軽に取得できる携帯アプリ・SNSが窓口として活用されるようになれば、現状気づき辛い未来のモラハラ・DV被害予備軍に早期段階からの逃げ道を用意し、危機を察知させることで重篤化を防止する**策となりうると考えます。

#いつか……という逃げ道

私もそうでしたが向き合うのが怖い方は、本当に離婚するかは別として「いつか……」と心に少し逃げ道を作ってあげることも一つです。離婚を意識しすぎて不安になったり現実に追い込まれるより、今を前向きに生きた方がよっぽど良いと思っています。そのいつか……と思っている方のためのRe活です。

【MI：4　結婚にとらわれない自立した女性を増やす】

結婚に関係なく心身共に経済的にも自立した女性は魅力的です。どなたにも無限の可能性があります。しかし可能性をあきらめてしまう女性もいます。

女性の社会進出により離婚後も経済的に自立できる女性が増えてきましたが、まだまだそこまで踏み切れない女性も多いようです。

【MI：5　輝く女性を増やし、周りの老若男女を照らしていく】

輝く女性を応援するということは、結果周りも照らしていくことに繋がり、幸せの連鎖を広げていくことになります。対象者は女性だけでなく日本全体も活性化し、みんながより元気になっていくことを大きな目標とします。

【MI：6　結婚生活の質の底上げにより、幸せな夫婦・家族を増やす】

結婚後、お互い思いやりを忘れて、横柄な態度をとってきた夫は経済的に自立し離婚力を身につけた妻に対し、手放さないために相手への接し方を見直すため、男性優位の夫婦生活を早期改善する契機ともなるかもしれません。

離婚して心底思ったのは、結婚したばかりのうちから少しずつそして繰り返しお互いの意識のすり合わせを図っていく必要性があることです。それも頻繁に意識する事です。意識がないと二人で心を合わせることは難しいものです。「Re活」はむしろ意識の掘り起こしという点から離婚予防の側面も持つのです。質のいい幸せな家庭を増やし、劣悪な結婚生活を改善し、新たな質のいい結婚生活へと変換する原動力ともなります。

＊＊＊＊＊＊＊＊＊＊＊＊＊＊＊＊＊＊＊＊＊

★Re婚事業の対象者は女性だけではない！

これから、私たちがやろうとするRe婚事業の対象者は女性だけを対象としているわけではありません。

夫婦であるからには、夫である男性も当事者です。「離婚されないための男性講座」「もう一度円満な家庭を作り直すための男性講座」などもやっていきます。

SNSのシステムも、女性ばかりではなく、男性たちの声もつなぐようにしていきたいと思っています。

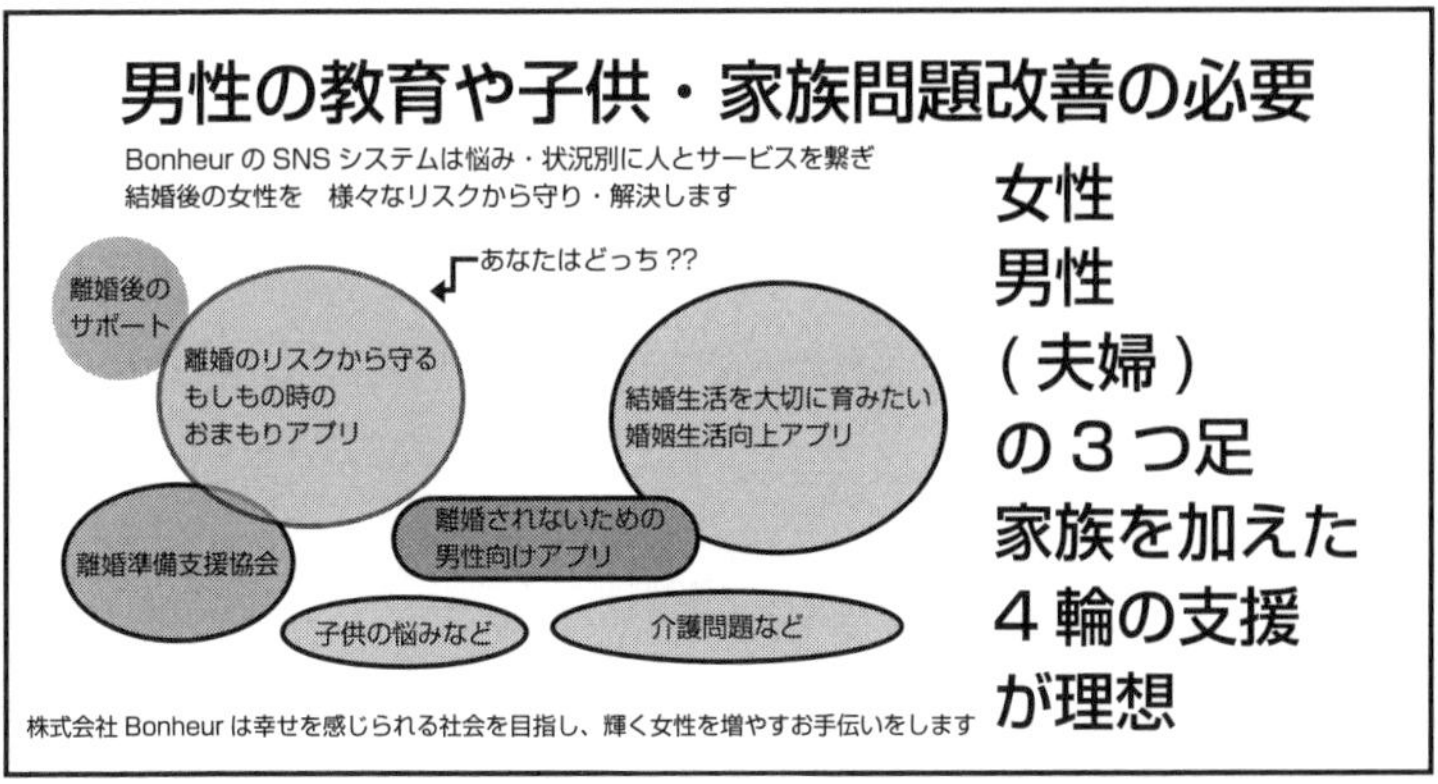

加えて子どもに関する悩み、親の介護の悩み、遺産相続についての悩みなど、幅広く語り合っていけるようなサービスを目指していきたいと思います。

このように幅広いSNSを目指すためにはより多くの方々に関って頂くことが必要です。

ぜひ、一緒にやってみたい、あるいは力を貸して頂ける方、個人でも企業でも、ご協力ください。

そうすれば、より早いスピードで実現できるはずです。★

＊＊＊＊＊＊＊＊＊＊＊＊＊＊＊＊＊＊＊＊＊

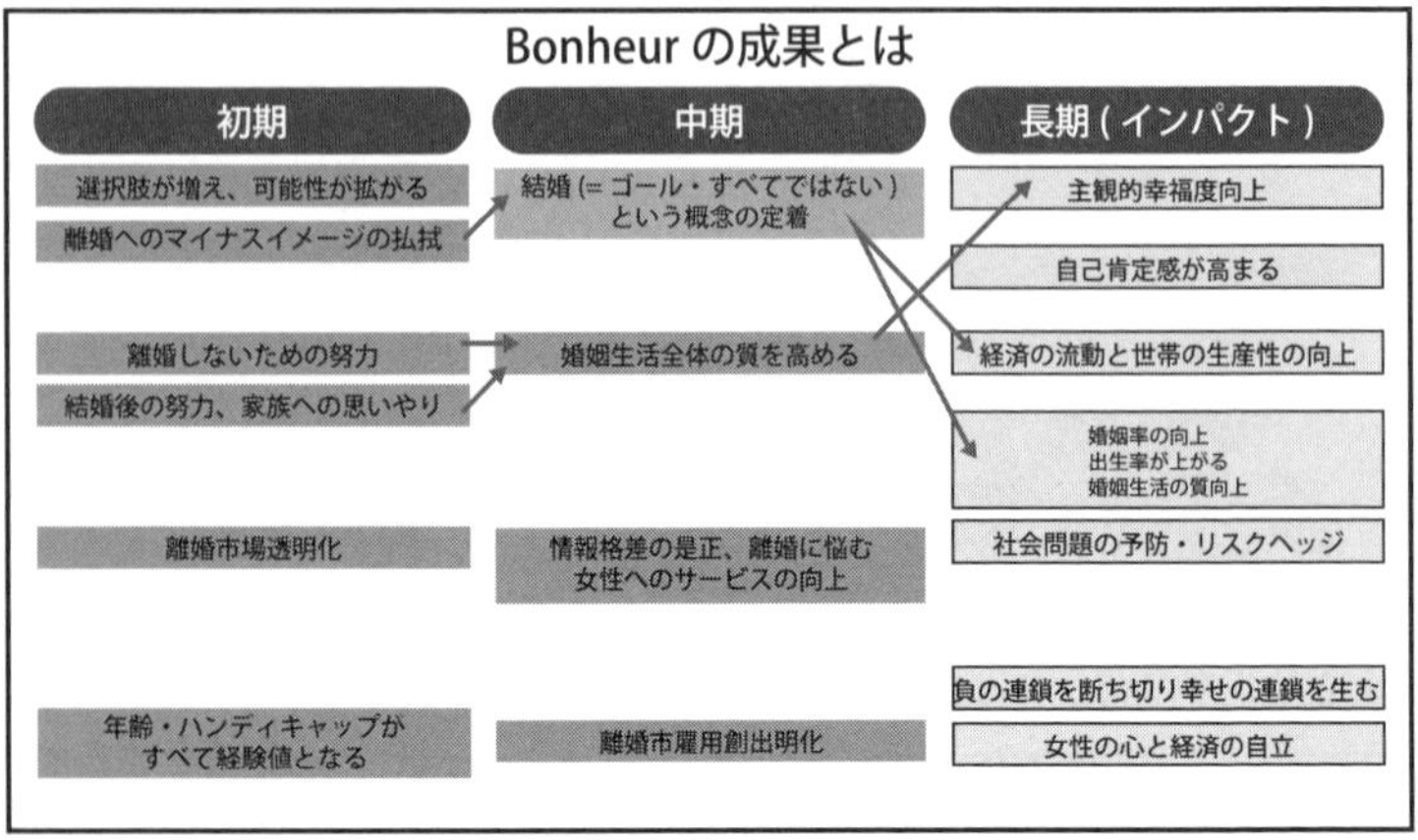

＃Re婚事業の社会的意義は

ミッション達成による成果「社会的意義」は大きく分けて五つあると思っています。

【主観的幸福度の向上】

現在、国でも、国民の「幸福度」に着目しています。「幸せ」に光を当てることによって、これまで政策などにおいて焦点化されてこなかった「個々人がどういう気持ちで暮らしているのか」に重点を置いた政策を考えるべきだ、と言われております。

Re活はまさに個々人の主観的幸福感度の向上を目指します。Re活による離婚率の増加があるとしても、必ずしも悪いこととは言えません。

＊＊＊＊＊＊＊＊＊＊＊＊＊＊＊＊＊＊＊＊＊＊＊＊＊＊＊

★離婚率増加は必ずしも悪じゃない
〜離婚が増えることへの懸念より離婚もできるくらい女性が自立できる社会へ〜

ただ単に離婚できないから離婚率が低いのでは意味がありません。
「離婚率の増加＝必ずしもマイナスではない」というイメージへの変革が必要です。

政府の閣議決定で「成長戦略」に幸福度指標を作成する旨が盛り込まれた背景には、我が国において、特に所得の増加にも関わらず主観的幸福感が低いという課題が存在します。

国連世界幸福度報告書のランキング上位の各国の離婚率はどこもおよそ五割近いようです。一方、平成二十二年国勢調査人口等基本集計で日本の離婚率は三十六%。上位カナダの離婚率は、初婚の場合が五十%、二回目の結婚が七十二%、三回目は八十五%というデータもあります。福祉先進国のスウェーデンもスウェーデン人同士の離婚率は六割にものぼるといいます。特にデンマークでは働く女性の割合が多く、子どもの教育費や医療費も無料であるため育児や家事に協力しない夫と離婚するケースが多いとされているようです。

幸福度の高い福祉先進国の離婚率統計から、むしろ離婚率が高いのは男女平等社会や福祉国家の証として起こるべき当然の結果であり、「離婚率の増加はマイナス」「離婚は不幸」であるという「間違ったイメージ」は払拭されるべきであると私は思います。離婚できる社会が結婚率も向上させ、よりよい結婚生活を送ろうとするための努力もうながします。

ただそれでも注意すべきはみだりに離婚が進むことです。離婚で悲しむ人間が少なからずいる限り、離婚による痛みや心のケアの整備なくして離活がブームのように進むのは危険です。★

＊＊＊＊＊＊＊＊＊＊＊＊＊＊＊＊＊＊＊＊＊＊＊＊＊＊＊＊＊＊

【経済の流動と生産性の向上】

一度結婚したら、極力、別れてはいけない、という「概念」が、日本社会にはまだ強く残っています。

それが解き放たれ、Re活が活発化するのは、社会に大きなメリットがあります。世帯全体の結婚の質が悪く、劣悪で生産性の低い世帯は改善あるいは消滅・良い世帯は向上淘汰して質を高めることでむしろ世帯の移り変わりを推進し経済を流動させる可能性をもちます。

すでに近年では、結婚するカップルの中の四分の一ほどは、どちらかもしくは両方が再婚です。再婚率は高く、平均して十人離婚した男性の七人。女性は六人が再婚するといわれています。経済的に余裕があり、かつ恋愛力の高い男性は早く婚活市場から消えるのですが、離婚によって更に思いやりと経験を兼ね備え次こそはと、再び婚活市場に戻ってくるので有望な市場価値となります。

その一方で日本では一度も結婚しない男性も増し、結婚についても「格差社会」になっています。離婚から再婚へのハードルが下がり、離婚しても新しい相手と幸せな生活を送る選択肢もあるという考えが進めば、離婚した女性たちの婚活参入も重なって、結婚のハードルもさがり結婚率の上昇も見込めます。また女性の自立が進めば経済的に余裕がなく結婚できない男性の気持ちが楽になります。結婚を重く捉え、結婚＝不自由と考えている独身男性の結婚へのハードルを下げる効果も見込めます。

二〇一五年十二月に最高裁が「百日を超えて再婚を禁じるのは憲法違反」と下したことにより再婚禁止期間や再婚後の子の戸籍問題を理由に再婚相手との子作りを控えた女性が、まだ子を産めるうちに再婚後出産する見込みも増えています。

不妊に悩み不妊治療に非協力な夫といつしか愛情がさめてしまって別れたい、と思いつつも離婚に踏み切れない女性が出産可能なうちに新たなパートナーと子を作る契機になるともいえます。

離婚や再婚、結婚は、経済が動くので経済効果も高いことが見込まれます。生産性の低い世帯が停滞するよりRe活という概念が普及する事で主婦の生活への関心が高まり、「Re活ビジネス」が進むことで新たなビジネスチャンスが広がっていく契機すらあります。

新生活に向けての不動産・家具家電は勿論のこと、「再婚活ブーム」が起き「再婚活ビジネス」が活性化します。日本は長寿国であるため「熟年離婚者向けの再婚活」も進むかもしれません。

離婚しないための努力も経済効果を生みます。普段家で動かない男性も離婚されないために努力して、夫婦や家族で外に出る機会を増やしたりします。夫婦で習い事や趣味を共有するための夫婦割引で顧客を獲得したり、プレゼント、旅行、食事、など明るい使い道も増えていけば更に経済の活性化に前向きに寄与できると思います。

経済的に不幸せで健全に機能していない結婚生活を終わらせることは、決して「悪」とは言い切れないのです。

【社会問題予防・負の連鎖から幸せの連鎖への転換】

先も述べたように離婚だけでなく、「負の連鎖」を断ち、子どもたちまで連鎖しないための初期の対策が不可欠です。離婚の原因となるＤＶ、酒乱、モラハラなどは、子どもたちにも深刻な影響を与えます。不登校、ひきこもりになったりする例も後を絶ちません。

子どもたちがそうならないようにケアするためには、単に離婚問題としてだけではなく、社会問題として認識して、その根を絶たなくてはいけないのです。「負の連鎖」を断つ協力をRe婚シェルジュは行います。

日本人は「専門家に相談する」文化がありません。

法律のことなら弁護士、精神面なら心理カウンセラーや精神科医といった形で、もっともっと気軽に相談できる体制を作るべきです。そこをサービスで行います。

【結婚生活の質向上】

Bonheur のミッションにより一番に達成されるべき社会的意義です。

【女性の自立・雇用の創出】

少子高齢化による労働人口の減少、非正規雇用の増大など、日本の雇用事情は近年、激変しています。

一度は専業主婦として家庭に入りつつ、離婚によって社会に出る、ちょうど私のようなケースも多くなっていくでしょう。

そこで、たとえば私たちの提唱する「Re婚シェルジュ」のような資格がポピュラーなものになれば、まさに離婚経験者にとってピッタリの仕事にもなり得ます。育児中のワークライフバランスを調整するにも「融通が利き可能な分だけ働ける」。そのような仕事に発展すると幸いです。

「Re婚ビジネス」は、女性の社会進出を後押しもできます。自立のためにキャリアを見直したり強みの発掘をしたり……資格を取ったり仕事を見つけたり……離婚してもしなくても女性が自立することできっといろいろな状況が変わります。離婚するためだけに勧められるがまま、好きではない・合わない仕事に就いてしまわないように日々自分を磨きます。

Bonheur のクレド（企業としての信条）

「目の前の一人の女性の可能性を尊重し、幸せと安心を感じられるサービスを作ること」

ロゴマークに込められた想い…

（ロゴマーク基本デザイン）

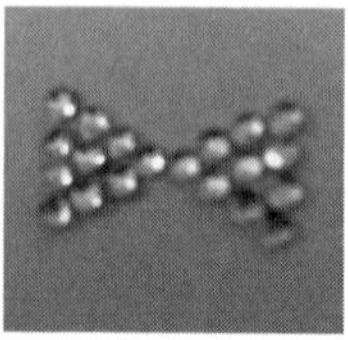

（配色バリエーション）

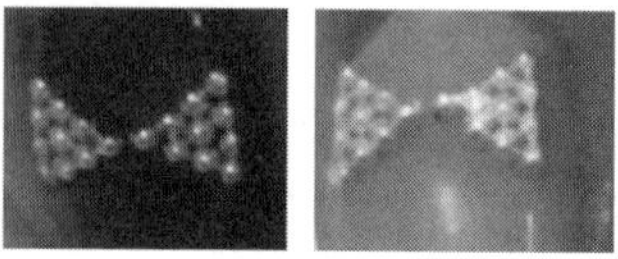

女性輝くキラキラの粒
（知識・準備・可能性）の積み重ね
二方向に広がるリボン
（二つの選択肢）
離婚できる・しないの二つの選択を可能にした輝くリボンを身につけることが
（自信・安心・備え）となり
おまもりの結び目としてそっと胸に秘める

幸せを選び取る
離婚するから幸せ・離婚しないから幸せ…どちらとも限らない
常に結婚生活を見つめなおし、努力し自立した女性を目指す

ゼロ" 0" からのスタート
最初の一粒は「0」の形
経営知識も業務知識も、経験も人脈もないところから始めたこの事業を、
いろいろな方からひとつひとつ応援の粒や知識の粒・智慧の粒を戴きながら
大きく発展させ社会貢献というかたちで利益を返還する

株式会社 Bonheur は　キラキラ輝く女性の集合体

ひとりひとりの輝く女性が集まって、可能性も未来も無限に広がっていく

弊社の作るシステムのユーザーもリボンの一員
ユーザー一人ひとりが大事な粒の一つ
システムの参加することで、どんどん大きな輝くリボンの連携になる

を社訓としたいと思っています

サービスの対象者は多数でも、忘れてはいけないことは目の前のひとりのためであることです。

例えSNSやアプリで対面できなくても常に前にいるひとりの女性を意識し、可能性を信じ尊重する。ひとりを大切にして「そのひとりが幸せと安心を感じられるか?」の基準からはずれないようにする。それができない対応やサービスはBonheur はしませんし、目の前のひとりのためにならないサービスは変更や改善をしていく努力をかかしません。

その覚悟で業務にあたって欲しいというRe婚シェルジュやBonheur 従業員への想いです。

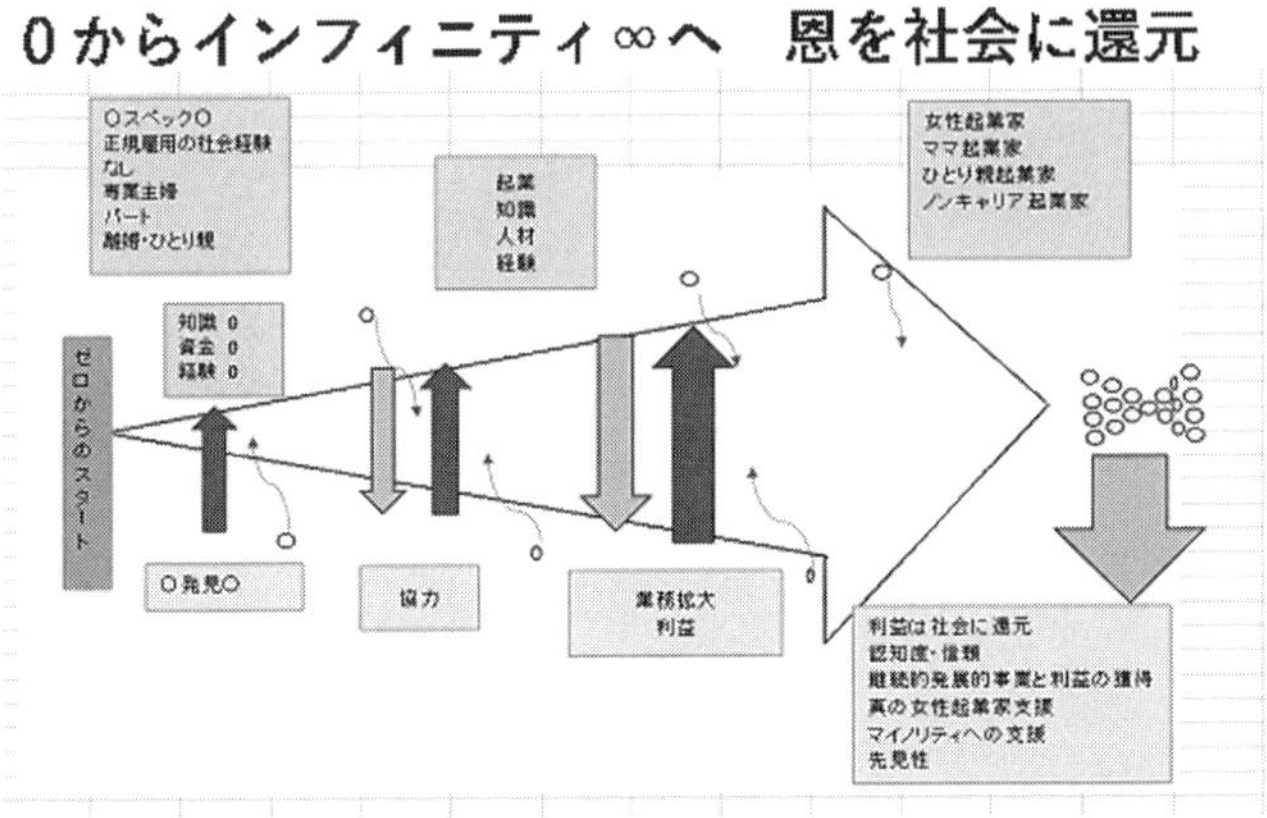

＊＊＊＊＊＊＊＊＊＊＊＊＊＊＊＊＊

★可能性や選択肢を広げるリボンのロゴ

　Bonheurには、その活動を象徴するロゴマークがあります。

　キラリと光る粒をひと粒づつ、それが知識だったり備えだったりして……。

「未来の自分が輝くために今私ができること」をして増やしていくとふたつの方向の選択肢を備えたリボンとなります。「結婚している自分」と「離婚もできる自分」です。

「結婚・離婚ふたつの選択肢から自分の人生を選び取ること」「それも周りに流されず主体的に選び取ること」をイメージしたものです。その可能性を示す大きさは無限大に広がります。

私は手の親指には必ずこの「ボヌールリボンネイル」をしています。名刺を初めて作成した時にも親指を置く位置に余白を入れました。

これから先、御名刺交換をさせて頂く方は見てください。

また前に掲げた図は、私自身が起業を決意して、やがてはこの方向に進んでいきたい、との決意を示したものです。粒の形は0の形でもあります。0から始めたこの事業を皆さんのお力を借りながら大きく成長させ、その感謝として成果物は社会に還元していきたいと思っています。まず私自身の可能性と選択肢を広げるために動き出したのです。★

＊＊＊＊＊＊＊＊＊＊＊＊＊＊＊＊＊＊＊＊＊＊＊＊＊＊＊＊

III
Service of Bonheur

*Bonheur

＃利用者のメリットはサービスの幅の広さ

Bonheur のサービスは離婚にのみ特化しないのが特徴です。

離婚だけでなく女性の様々なリスクを守りたいからです。

Bonheur では、離婚準備の支援事業に関しては事業の一環として一般社団法人を作って活動していきます。それが「離婚準備支援協会」です。

そして夫婦関係改善も視野に入れているうちに、早期的に見直し向き合うための場所が「Re婚相談所」です。Bonheur はこの三つの機関を運営します。

そして、幸せな夫婦・家族を増やすための研究をする機関が未来ラボ「La＃Bonheur」です。Bonheur はこの三つの機関を運営します。

離婚にだけ特化するとトータル的にその人の幸せに焦点を充てたサービスができないと考えます。

Ⅲでは実際に Bonheur が行っていくサービスを具体的に紹介していきます。

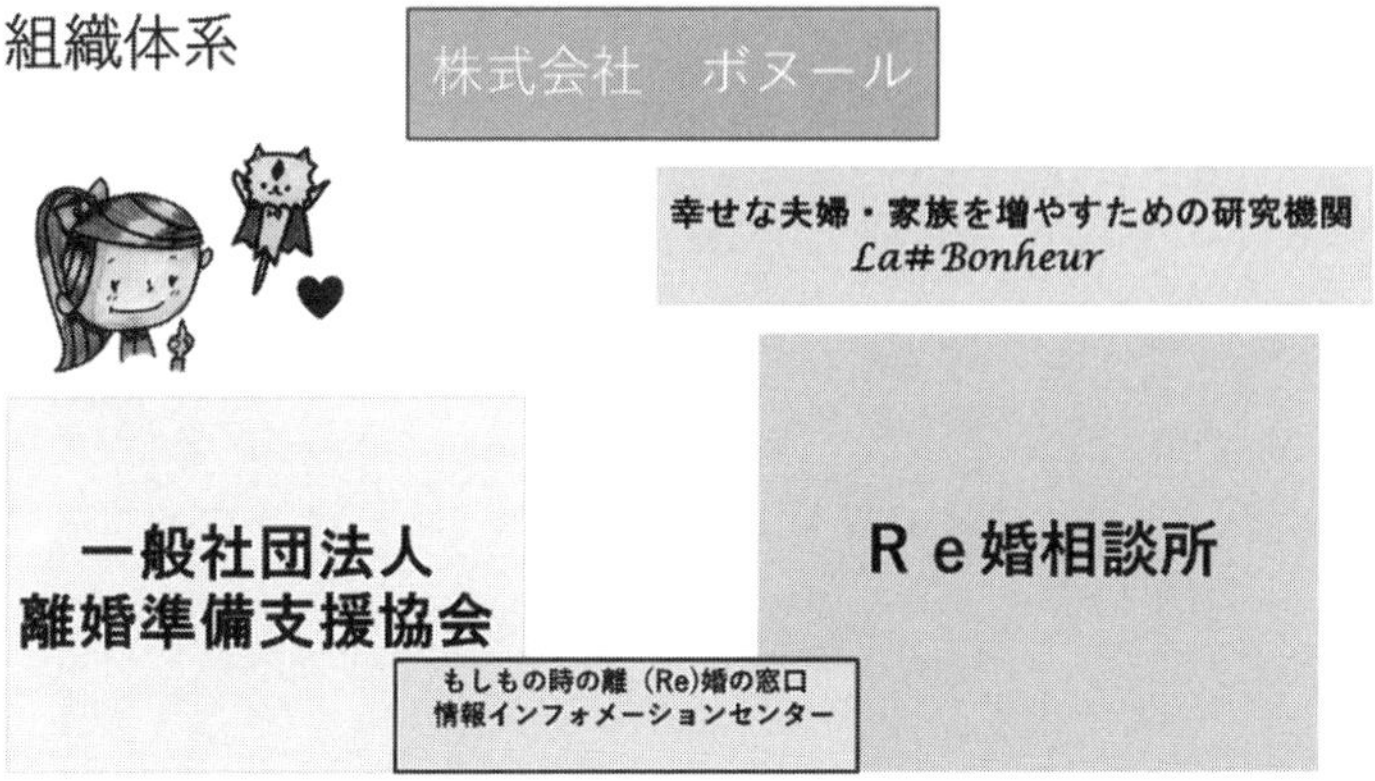

＃戻れるホーム・プラットフォームとなるために……状況や条件は二転三転する

実際のケースで進めていくと色々と状況が変わることがあります。

離婚問題は一筋縄ではいきません。新たな問題が出てきたり、保育園の関係で急遽調停を申し込むことになったり、最後になって相手方の親が孫のために貯めている保険や口座を出してきたりするケースもあります。

なかには離婚はひとまず考え直して猶予期間を設けようと考え、「夫婦で改善の道を探ろう」と色々なカウンセラー・風水・占いなど行き始める方もいて、そうした矢先に今度は相手の浮気が見つかり探偵に依頼……ということもあります。

だから離婚問題の一部分の案件でしか関われない専門家は、利用者が専門外の状況になった時にサービスの対象外となってしまいます。

離婚をやっぱりやめたとなればその後どうなったかもわかりません。そしてまた数年たって離婚をしようと思った時に利用者はまた、一から離婚の経緯を話すとなると……とても骨が折れます。

様々な状況に対応できるのがBonheurです。

そのため、「離婚準備支援協会」だけでなくそれよりも広い意味の夫婦関係改善や向上を探る「Re婚相談所」に一度登録して頂ければ幅広くお使い頂けるホーム・プラットフォームとなります。

＃Re婚相談所に登録のない専門家を選ぶのもOK！

勿論こちらから専門家をご紹介する時は登録している方を紹介致しますが、御自分で探してきた専門家に行ったとしてもデメリットはありません。その専門家の口コミを教えて頂ければこちらの知識やサービスの幅も広がるからです。素晴らしい専門家の方にはこちらから登録のオファーをさせて頂くことがあります。

また、離婚をしないとビジネスモデルとして成り立たないような、もしくはすぐ離婚するとお金にならないから引き延ばすような、囲い込みにより個々の紹介のみでサービスの選択肢を狭めるようなやり方では、幸せに焦点をあてた提案が難しいといえます。

＃実際に利用者はBonheurのサービスをどう使うの？

Re婚相談所にお問い合わせ頂いた方には、まずオリエンテーションで現状の簡単な把握と今後どうしたいのか？　を伺います。それによってサービスが異なります。

＃ただ関係改善をしたい、見つめなおして向上したい場合

可能性を広げる各種サービスやイベントやワークショップをご案内します。漠然としている思考を整理するために弊社のワークショップにもご参加下さい。例えば、「きれいになりたい！　女子力をあげたい！」「家庭内恋愛したい！」と思ったらそういうことも一つの努力であるし、お稽古をしたいとか資格を取りたい人には資格の育成講師を紹介したりします。

例えば仕事まで発展しなくても、腸内環境を整える腸内アドバイザーの資格をとって家族の腸を揉んだり整えたりすれば、家庭問題を腸から改善したり家族の健康管理

のためにも効果があります。

そして自分のお部屋の片づけが苦手でいつもケンカになる夫婦は、収納の力で家庭円満を目指す収納アドバイザーがより効果を発揮するでしょう。まだ知らない様々なサービスや珍しい資格に出会えるかもしれません。

お金でケンカするならファイナンシャルプランナーとお金について見直したり、財テクを学んだりするのも良いでしょう。

＊＊＊＊＊＊＊＊＊＊＊＊＊＊＊＊＊＊＊＊＊＊＊

★ママが学問をするチルドリンアカデミー

家庭の中で実践できるコミュニケーションを学ぶ「ママコミュニティ学」講座があります。

幸せな家庭をつくるために、家庭を守るママが幸せになる仕組みを学んで実践していく事はとても素晴らしい取り組みです。

プレ講座を受講させて頂き、まさに「未来の自分が輝くために今あなたができること」という事業のコンセプトにも合致するのでとても勉強になりました。
このような講座を受けることも未来に繋がる一歩になるかもしれません。★

＊＊＊＊＊＊＊＊＊＊＊＊＊＊＊＊＊＊＊＊＊＊＊

＃本格的に結婚生活に悩まれている方

夫婦関係改善カウンセラーや離婚カウンセラー、セックスセラピーだったり……悩みに応じた専門家に繋ぎます。発達障害や子どもとのコミュニケーションが悩みの背景にあればその専門家を紹介します。未来へ向けて本格的な働き方を探している人はキャリアカウンセラーへ繋ぎます。

またRe婚相談所には「Re活サポーターズ」といって、経験談を語ってくれる経験者がいます。同じ状況の方が実際どうやって、何をしてその結果どうなっているかを身近に知ります。Re活サポーターズは「離婚を思いとどまった方」も「離婚をして輝いている方」もいて思考が偏らずに参考になります。

私の不安な気持ちをプラスに変えたのがこの部分です。私の背中を押したのは離婚経験者十数人中後悔している方はわずか一人しかいなかったという事実です。

#離婚をしたい、離婚を視野に入れて準備したい方

離婚準備支援協会へ入会頂き、これまでの離婚を意識した経緯をお聴かせ頂きます。ゆくゆく陳述書にもなるような経緯書を作成いたします。経緯書はカルテのようなもので、この先色々な専門家に繋ぐための基本情報となります。そして、各種離婚準備シートにご記入いただきます。必要に応じてこの先で説明する『円満離婚塾』に参加して頂いたり、個別の対応をさせて頂いたり、顧問契約をお引き受けして御対応させて頂く場合もあります。

やはり離婚を考え直したいという場合は、Re婚相談所やLa# Bonheurのサービスを使うことでとことん考え直し、夫婦関係の修復に向かうことも可能です。

#離婚直前……相談は不要だけどチェックだけをしてほしい方

ご入会頂ければ、現状のチェックをさせていただきます。例えば「このまま離婚しても大丈夫だろうか?」と不安な方には今後の計画をお話頂いた上で、懸念点や見直すポイントをお知らせしたり、協議中の離婚条件が適切か不安な方には専門家の意見を仰ぎチェックさせて頂いたり、現在対応中の専門家で離婚が難航している方の場合は専門家が適切か? セカンドオピニオンのように他の専門家によりチェックさせて頂きます。チェックだけなら安価でもしもの備えにはよろしいかと思います。一度御入会頂ければ、離婚後も安心です。何かあった場合でも、経緯書や離婚時の状況に基づいてすぐ対応ができるからです。また離婚後のサービスの情報提供もできます。

＊＊＊＊＊＊＊＊＊＊＊＊＊＊＊＊＊＊＊＊＊＊＊＊＊＊＊＊＊

★付録　夫婦でやってみよう!　円満ピザ(価値観)チェック

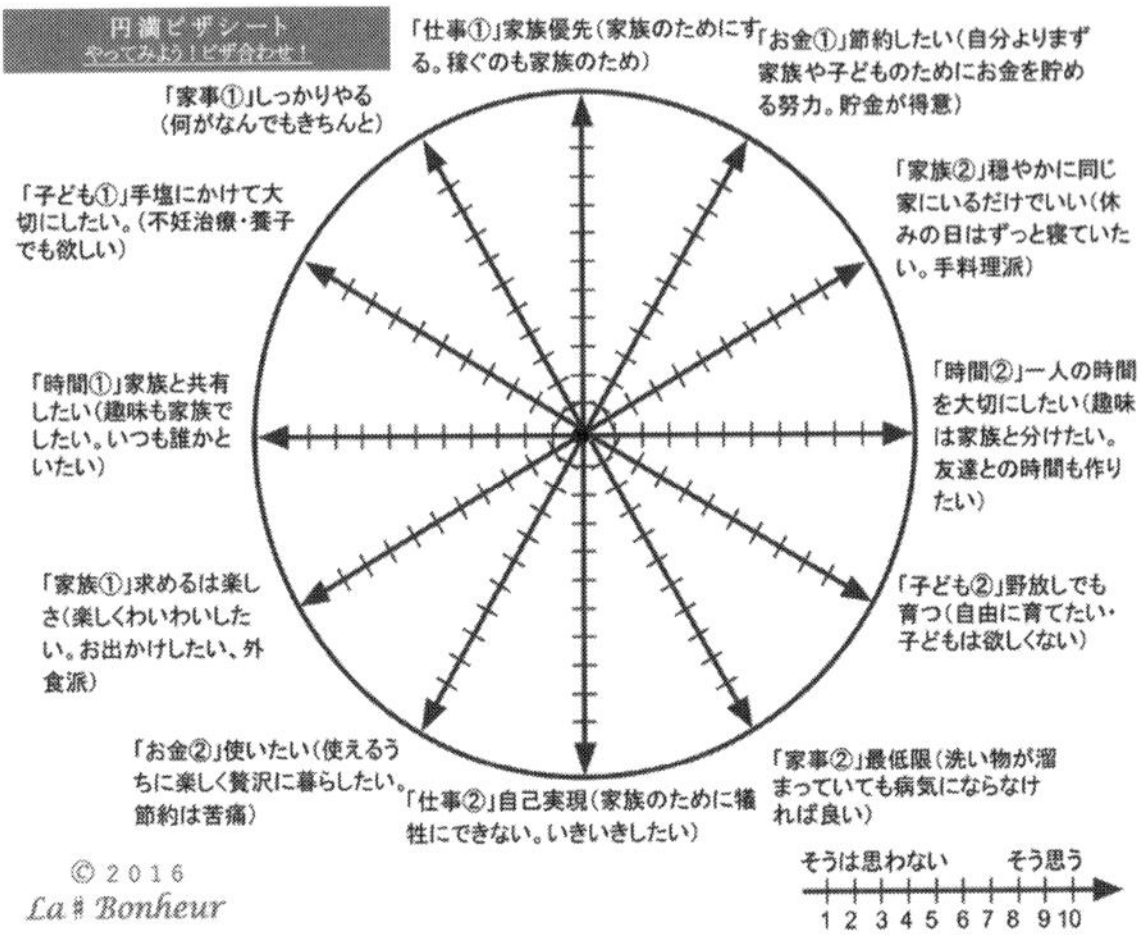

あなたがBonheurのサービスのどの対象者かわかります。

1~12まで夫婦で簡単な設問に答えていただくと価値観の違いがわかります。考え方や価値観はそれぞれです。対極ですがどちらも悪いわけではありません。

そして状況や年齢によっても変わっていきます。

例えば仕事も、今は子どもが生まれたばかりだから……仕事は家族のために好きなこととは違うパートをして、ゆくゆくは自己実現のために仕事をしたいと思うかもしれませんし、今はアウトドアが好きでも歳をとったら家族には安らぎを求めるかもしれないということです。
暴れん坊の息子たちがいる家庭で家事をしっかりやるのはストレスがかかります。旦那さんが家事をしっかりやりたい派であれば協力をお願いし、家事は最低限でよいという考えであれば奥さんも少し妥協して、心を軽くして現況に無理なく対応できるようにすることも一つです。

まずは相手の考えを尊重して、形を認めた上で自分と合わなくても責めたりせず、二人だけの「擦り合わせの円満ピザ」を作ってみてください。★

★「あなたと私のピザの形が合わないから別れましょう……」
「ピザとピザを合わせてピザわせ」
ピザを作りながら　ピザとピザを合わせるための話をしていただき、「お二人で作るすり合わせピザ」というワークショップをお料理教室とコラボしたら……ふざけながらもワクワクした建設的な話ができるかもしれないと思っています。

結婚前の相性診断にもいいと思います。結婚相談所で使いたい！　という方もぜひ使ってみてください。ワークショップに伺います。

結婚して価値観が変わることがあることを事前に理解することが円満な夫婦を創るためには必要です。★

＊＊＊＊＊＊＊＊＊＊＊＊＊＊＊＊＊＊＊＊＊＊＊＊＊＊

＃Re婚相談所

こちらは、離婚を前提とはしていません。登録は無料です。

家庭円満を目指しつつ、何かあれば離婚相談にも切り替えられる二段構えのところです。

夫婦の関係向上や家族問題解決の契機となる場にしていきたいと思っています。

婚姻生活を見直し、今、出来ることを見つけ「幸せ」な未来を描くとともに、万一の時に備えて、知識を増やし、心と経済的自立ができるような準備を整えておきます。

＊＊＊＊＊＊＊＊＊＊＊＊＊＊＊＊＊＊＊＊＊＊＊

★早めの相談で可能性が広がる

離婚を切り出した妻からの相談例です。

「離婚しないかもしれないけれど相談してもいいのかしら？」「勿論、私たちのサービスの基準は離婚するしない、どちらでもなくて○○さんの幸せです」

早い段階で来て下されば、離婚を切り出す本当の意味や目的を探りその方に合った切り出し方を模索できたのですが、話を伺ったのはもう切り出した後だったので、どんどん離婚に向かって事態は進んでいました。

「いつからこうなっちゃったんだろう」としきりに仰っていました。夫側が新しい転居先をすぐに契約してしまい、思いがけず急ピッチで離婚の話が進んでいき、それで迷いもあるまま離婚の話を進めるしかなくなっていました。

幸い、対応する中で、はじめは開き直っていた夫側も、思い直し、「離婚の猶予が欲しい」とあちらから謝罪し懇願するように迄なり、1年という猶予と明確な行動基準を二人で設けてセラピストや離婚カウンセラーなどの各専門家のもとにいこうとなりました。覚悟が決まる前に切り出すと、思いがけず止められなくなったり、カードを没収され金銭的自由を失ったりすることもあるので、まずは切り出す前に私たちRe婚相談所にいらしてください。★

＊＊＊＊＊＊＊＊＊＊＊＊＊＊＊＊＊＊＊＊＊＊＊

Re婚相談所では毎月二十二日に「円満Re活カフェ」と名付けて、気軽にお喋りのできる会を設けていきます。

時には大人女子の密談会として夜会をしたりと普段ちょっと気にかかることを話せる安心な会にしていきたいと思っています。ある時は「腸内セラピスト」を呼んで、モラハラ、DVを起こさないための腸内環境作りを学んだり、ある時は「家族心理学・

夫婦カウンセリングの専門家による夫婦満足度診断・育児ストレス診断（十五分でワンコイン）」を行ったりします。

＃実践的準備に特化・準備シート

離婚準備支援協会が既存の離婚専門家と大きく違う点は、実践的な「準備」に特化してトータルサポートするということです。そしてカウンセリングや既存の専門職にはあえて特化していないことです。だからこそできるだけ中立・公正そして客観的に他の専門家を選べます。

実践的な支援の一つに準備シートがあります。

住まい・仕事・保険やお金・自己分析及び相手や子どもの分析・それによる切り出し対策や子どもの心のケアなど各テーマごとに書き出していきます。

ご自身で書き出すことによって少し冷静に考え直すことができます。

人間は空欄があると埋めたくなる習性があり、また埋めると安心したり満足したりします。

ただ漠然と離婚後の不安を抱くよりは、しっかりと立ち止まり、現状と向き合い見直していくことが後悔のない主体的な選択をもたらす要因の一つになります。これが「Re婚」と表現する所以でもあります

＃思いつかない多角的な意見・セール&リースバック

シートを埋めながら浮き彫りになった必要課題をRe婚シェルジュが拝見し、必要な専門家に繋げていきます。シートの記入に関して足りないところや注意事項などをアドバイスをされたり、自分の頭では考え付かないような提案をして貰うと可能性が広がります。相談不要と思っていても自分の頭でだけ考えて諦めているのは勿体ないと思いませんか？

例えば住まいで言えば、シングルマザーシェアハウスやコレクティブハウスといった新しい住まいによるライフスタイルの提案も出ますし、一方で、気を付けなくてはいけないこともお伝えできます。例えばルームシェアで男性がいた場合、事実婚とみなされて児童扶養手当の要件から外れてしまうこともあるので、光熱費等が別れてい

て生計が別である事をしっかり示さなくてはいけなかったりします。

あと一年子どもの卒業まで学校を変えたくないけれど、財産分与で早急に家を売らなくてはいけない場合や、猫がたくさんいたり大型犬がいたりなどして、何か引っ越せない理由で同じところに住み続けたい場合、ローンの借り換えで自分の名義にしなくても、条件次第では不動産投資家に相場より少し安く売り、財産分与で現金化したうえで、少し安く貸し戻してもらうということもできなくはありません。多少家賃が高くなったとしてその分、住み続けたいある一定期間だけ夫に養育費を上乗せしてもらい、その後引っ越すのも一つの選択です。引っ越し不要になることから費用をその分効率的に使えるかもしれません。

＃離婚しなくても見直しは大切

私は離婚前に準備として住宅ローンの金利の引き下げをしました。引き下げや借り換えも視野に入れた結果月一万円近く返済金額が減りました。例えば離婚を視野に入れていなくともシートを記入して住宅ローン診断士さんにチェックして貰うのも可能です。

＃ 年金分割もそれぞれ……

そもそも年金分割を受けられる要件に該当するか⁇　該当期間はどのくらいか⁇　年金分割した方がいいか⁇　などもそれぞれの状況ごとに異なります。分割するのに夫婦合意がないと分割されない場合と、合意がなくてもできる場合とがあり、それにより離婚条件の交渉の落としどころの調整に使ったりもできます。行政の難しいサービスも、調べて易しくお伝えするので安心です。

＃ 円満離婚塾

Re婚相談所ではプランニングシートを補完するためにテーマごとに各専門家を招いて行う「円満離婚塾」を開催していく予定です。

自己分析のシートに対しては心理カウンセラー、住まいはＣＦＰや不動産業者、保険はＦＰ、税の事は税理士（資産価値によって税金のかかり方が違います。しかも難しい。私も税務署に何度か電話して頭を悩ませました）法律問題は弁護士、公正証書や離婚協議書は行政書士、不倫問題は探偵などの専門家の講師を招き、切り出し対策や言い回しや円満離婚術は私が担当し開催します。

＊＊＊＊＊＊＊＊＊＊＊＊＊＊＊＊＊＊＊＊＊＊＊＊

★自分を知ること。相手を知ること

準備シートや『円満離婚塾』は自己分析から始まります。

夫婦、家族、友人や同僚でも……コミュニケーションがうまくいかない時に、なぜうまくいかないか？　個性心理学的に自分や相手の個性を学んでみるのも良いかもしれません。「だからうまくいかない」「なるほどこうやって接するのか」新たな発見もあるかもしれません。

離婚を決意し、資格を取ろうと心理学を学んだところ、むしろ、伝え方を知り相手の気持ちが理解ができるようになることで、少しづつ家庭が円満になり

今では心理学の講師として公私共に輝いている方もいます。★

＊＊＊＊＊＊＊＊＊＊＊＊＊＊＊＊＊＊＊＊＊＊＊＊＊＊

＃Re活サポーターズ・経験者の貴重な話

先も少しふれましたがRe婚相談所にはRe活サポーターズとして、経験談を語ってくれる経験者がいます。

実際に会って、もしくは音声通話などで自分と同じ悩みの方の生の話が聞けるのが他にない大きな特長です。文字ではなく身近にダイレクトに感じることがとても貴重です。また同じ悩みを離婚せずとも解決した方の意見が聞ければ希望も沸くかもしれません。

ＤＶでシェルターに入るか迷っている人も、今後どうなるか不安な時、相談先の女性センターなどの説明を聞くよりも、実際の経験者の話を聞くことで現実的な実感が沸き、安心とつながります。自ら選んで主体的に飛び込むことができるかで入所後が大きく異なるようです。

そしてRe活サポーターズは自分の経験がレアであるほどその貴重さが増すため、大変な思いをした人こそ価値的であると言えます。語ることにより同じ悩みを持つ人のためになり、そしてその大変だった思いを価値的に変換することができます

****

★弊社ではRe活サポーターとして経験談を語ってくれる方を募集しています。

多くの方の経験が離婚に悩む人の力になります。こうしておけばよかった、あれが困った、こういうサービスが欲しいなど、何でも教えてください。もし御利用者の方に経験を語って頂いた場合は謝礼もお支払い致します。離婚経験を生かして御協力頂ける方はどうぞRe活サポーターズに登録してみてください。★

★決められないなら 決めない……

誰にも未来はわからない。それでもひと度自分が選択したなら後はもうせめて幸せになれるようにポジティブに前を向いて歩くしかない。気持ち次第で幸せを呼び寄せる時もあります。

自分で前向きに決めた決断には正解も不正解もなくて「後悔しないか？　離婚して幸せになるか？」を決めるのは自分であり、幸せになれるかどうかは五分五分です。決して0ではありません。

だから決められない時は無理に決めないという事も必要だと思います。★

＊＊＊＊＊＊＊＊＊＊＊＊＊＊＊＊＊＊＊＊

＃選べるという安心

Re婚相談所では、離婚準備支援協会に登録している専門家については専門家のページで顔や人となり・実績を確認していただけます。

仕事で忙しかったり、子どもが乳幼児で預けて相談に行かねばならない時は、相談に行ける日が限られます。

例えば夜間相談可能とか、土日相談可能、子連れ相談可能などの新たな指標も盛り込みながら多くの専門家から選べることを目指します。

人柄や条件だけでなく仕事のスピードや所在地も選ぶ基準になります。仮に横浜に住んでいる方が、いくら優秀だからといって、わざわざ大阪や仙台の弁護士に依頼にいく、というのは物理的に大変です。どうしても近場でいい人を見つけなくてはいけないからです。だから私たち離婚準備支援協会ではたくさんの専門家の方と繋がります。それぞれの専門家を見える化し、御相談者と専門家を繋げていきます。

Ⅳ

Reconcier～Re婚シェルジュ～

Bonheur

Re婚シェルジュとは?

夫婦問題や家族問題、離婚に悩む方々に寄り添い、その方を尊重して要望を叶えるコンシェルジュのような者です。その方それぞれの個々の状況に合わせて適切なサービス・必要な情報や人を繋ぐオペレーターのようでもあります。

価値ある誇らしい資格

「Re婚シェルジュ」たちを育成して、やがてそれを価値ある資格とし拡大していこうと思っています。

Re婚シェルジュは自らの経験こそ宝です。しかしそれがすべてではありません。私とも合う人もいれば合わない人もいる。誰かが一人カリスマ性を放つのではなく、Re婚シェルジュとして誰もが統一した品質の元、名乗れるように、個人流ではなくRe

婚相談所のRe婚シェルジュだという誇りをもって対応できるような資格にしていきたいと思っています。

更に離婚後の収入に不安がある時、副業として空いた時間で好きな時間だけ働ける資格にしたいと思っています。

女性がワークライフバランスにあわせて働けるような新たな働き方に繋がる資格になればと思っています。現在は十数名のRe婚シェルジュで試験的にサービスづくりや資格づくりを行っています。私たちと一緒にRe婚シェルジュの資格をつくっていきたいと思う方や将来Re婚シェルジュとなり、Re婚相談所を運営してみたいという方も手を挙げて頂ければと思います。初期に関ってくださる方へのメリットとしては一緒にサービスを創り上げる有益感があると思います。志のある方にお会いできますことをお待ちしております。

＃様々なRe婚シェルジュが所属

利用者の様々なニーズや相性を満たすためにRe婚相談所にはいくつかの要件のもと

Re婚シェルジュを所属させます。若い方、熟年の方、子どもがいる人もいない人も、ご自身の離婚経験はないが親の離婚で苦労した娘として所属するのも、同じように娘さんが訪ねてきたときに対応できるし、男性のRe婚シェルジュも必要です。何かハンディキャップのある方も可能な限り受け入れます。

#Re婚シェルジュの意義

ご利用者が、自分や家族に向き合い、一歩踏み出し明るくなっていくための手助けができる人。

それが「Re婚シェルジュ」です。

何もせずに動けなったご利用者の方が、何か一つの行動を契機に道が拓けていくかもしれません。

その方にしかできない、その方だからこその何かを模索して、その方らしく生き生き輝いていける道があるはずです。

人には波があるからいい時も悪い時もあるかもしれません。

ハッピーエンドはなくてずっと続くコンティニューな毎日です。だからこそ悪い時がもし来たとしてもすぐ対応できるようにRe婚シェルジュは寄り添っていきます。


Re婚シェルジュは自分の考えを押し付けることはしません。

安心を与え、謙虚に目の前のひとりを大切に対応します。

できないとを諦めず、寄り添い一つでもほっとする何かを提供できたら幸いです。

安くて質の高いサービス・ソーシャルビジネスを実現するにはRe婚シェルジュが労働の対価よりも有益感を感じてくれることです。ホテルコンシェルジュのような爽やかな信頼と質の高いサービスを提供でるよう、ただひたむきにサービスに徹します。

#Re婚シェルジュの五つの業務・五つの姿勢

決断をするのはご相談者自身です。それが最善の決断になるようにフォローするのがRe婚シェルジュなのです。

5つの業務

- 傾聴　　〈気持ちを受け止める〉
  経緯書作成
- 補助　〈寄り添う〉
  プランニングシート
- 可能性を広げる提案〈第三者の立場〉
  　状況ごとの提案　〈智慧を絞る為の情報集約〉
- 仲介　　〈良いオペレーター〉
  サービスや人と繋げる
- 同行・代行　　〈最高のコンシェルジュ〉
  専門家・面会交流・同行・書類集め・試算

5つの姿勢

1聴く姿勢（心・理解）

2寄り添う姿勢（見守り・安心）

3決めない姿勢（尊重・情報提供）

4豊富で正確な知識・経験談・専門家やサポーターズの把握に
努める姿勢（前向きな向上心）

5相手の立場に立つ姿勢（中立・公正）

＃ Re婚シェルジュと離婚カウンセラーとの違い

大きな違いは離婚カウンセラーは専門家で、Re婚シェルジュは離婚時に必要になる各専門家やサービスを幅広く繋げる役割だということです。

○Re婚シェルジュはインフォメーションセンターのオペレーターとして、カウンセリングの専門知識を持つものではありません。
○既存のどんな専門分野にも偏りません。
○情報を総合的に集約するプラットフォーム、ハブとして、ユーザー個々にとって必要な情報を整理し、伝えます。
○関係先への同行、代行などによりユーザーに実践的に寄り添います。
○紹介した専門家たちがしっかりサービスを提供してくれているかを常に監視します。
○それぞれの専門家の仕事領域を超えた部分のトータルサポートを行います。

#相手の立場になって考える第三者

離婚を考えている配偶者には、頭ではわかっていてもつい、ケンカ腰になったりするので相手の幸せを考えることが難しいといえます。

可能な限り家族ひとりひとりの幸せを考え、円満離婚をすることがその方の今後に影響するため、Re婚シェルジュの提案する円満離婚塾は効果的な言い方、伝え方の練習もします。Re婚シェルジュは、離婚をプランニングしたりデザインするケアマネージャーやデザイナーではありません。当初は状況にあわせてその方にあったプランニングシートやケアプランをこちらで提案することも考えましたが、離婚は人生において重大事であることから、あくまでご本人が主体で準備シートやプランニングをして頂きRe婚シェルジュはその作成のお手伝いに徹します。

V

一般社団法人・離婚準備支援協会

すでに離婚を意識した方、決めた方への支援を目的としています。

クレドは「目の前の一人の不安をぬぐい、安心を与え、笑顔で前向きになれるサービスの提供」です。

会員制で、一般社団法人としてスタートさせました。

「ソーシャルビジネスとしてやっていく以上、出来るだけ低価格でおさえたい」金銭面で、高額な離婚ビジネスを利用できない方たちにも利用できるビジネスモデルを作りたかったのです。

＃離婚準備支援協会の理念

名前は「離婚準備支援」ですが、ここもまた理念は「離婚」を目指すのではなく、あくまで「幸せ」に焦点を当てた、未来を見据えた後悔のない前向きな「選択」ができるようにという事を目指します。

必ずしも離婚をしなければならないとは限りません。

＃離婚を決めた方へはその準備を軽減

そして、離婚を決めた方へは離婚準備の負担を少しでも減らしたり、離婚後のリスクを減らしたりするお手伝いをします。

【六つのミッション】

離婚準備支援協会にも六つのミッションがあります。中でも第一のミッションとして特長的なのが、「専門家や経験者の皆さまと智慧を結

離婚準備支援協会　理念

理念　離婚によるリスクの軽減をめざし
　　　幸せに焦点をあてた選択・未来を見据えた後悔のない前向きな選択ができるようにする。

６つのミッションＭＩ：６
- 専門家や経験者の智慧を結集して、離婚を背景に悩む方々へ幅広く質の高いサービスを提供する
- 離婚に関わるビジネスや機関の可視化、情報やサービスの共有により良質なサービスを幅広く行き渡らせ情報格差の是正をめざす
- 様々な選択肢から可能性を広げ、主体的な選択ができるようにする
- 人（利用者）と人（経験者や同じ利用者）、専門家、機関、サービスをつなぎ、距離を縮めるための中間組織としてあらゆるニーズを客観的かつ公正に解決へと導く
- 離婚による精神的苦痛を和らげる
- 任用資格の創生により、ライフワークにあわせて働ける社会の創造に寄与する

クレド　○目の前のひとりの不安をぬぐい、安心を与え、笑顔で前向きになれるサービスの提供○
キャッチ　もしもの時の離婚の窓口　インフォメーションセンター
事業内容
- 離婚にまつわる情報の集約・活用・提供
- 専門家やサービスの紹介、仲介
- 円満離婚塾など実践知識やリスクマネジメントとなる予備知識の教授
- 離婚準備の補助・代行・同行・作業効率化・その他、委託業務
- 結婚・婚姻生活改善・離婚に関する資格（Ｒｅ婚シェルジュ）の試験の実施・育成・認定及び付与

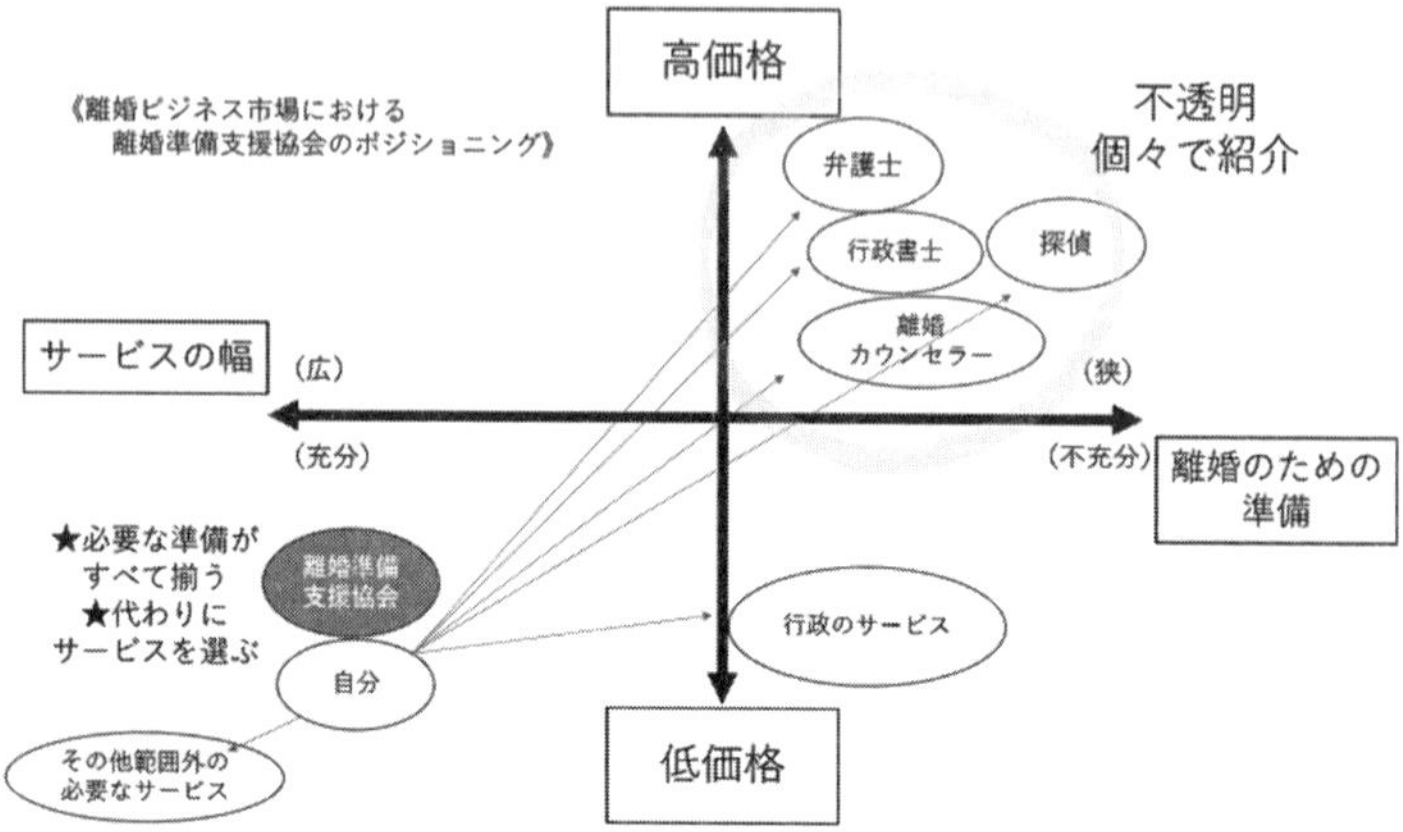

集して、離婚を背景に悩む方々へ幅広く質の高いサービスを提供する」ことです。

また利用者や離婚経験者、専門家、機関、サービスをつないでいく中間組織として、すべてのニーズに客観的、公正に支援していくことです。

図の通りです。

離婚準備支援協会の事業内容

私たちが行う主な業務の内容は

○離婚にまつわる情報の集約、活用、提供
○離婚にまつわるサービスの紹介や仲介
○離婚準備の補助、代行、同行、作業効率化
○専門家と利用者の距離を縮め離婚ビジネスを

活性化させる
○Re婚相談所の運営
などです。

＃ご参加いただく専門家の皆さんへ

ご参加いただくメリットの第一は、情報、サービスを共有していただけることでしょう。Re婚、特に離婚に関わる機関、他の専門家の皆さんの経験や知識を知ることで、サービスの幅を広げ顧客満足度向上に繋げることができます。結果口コミで信頼度が増したり、将来的に離婚以外の案件でも関われるようになる見込みが増えます。

また、私たちは専門家の皆さんの範疇を超えた仕事を請け負います。

例えば、利用者の方が「離婚後、子どもは夫と面会に行く取り決めになっているけれど、私は会いたくない」とします。そのような時に私たちをお使いください。面会場所に付き添います。保育士の資格を持った婚シェルジュもいたりしますので同行します。乳幼児の場合目を離した時に連れていかれるんじゃないか。席を外した時に悪口を吹き込まれるんじゃないとかなどと心配される方がいるようです。

専門家の皆さんの側から「こういうサービスがあったら助かる」というご意見があれば、お伝えいただければ対応します。「こんな専門家を紹介してほしい」とご要望があれば、お申し付けください。

専門家の方が個々ではサポートしきれないトータルサポートをするのが私たちの任務だと思っています。

それによって専門家の皆さんの作業の効率化を図り、より効果的な広報活動と広いネットワークを使ってより多くの方の相談に乗れるようになります。

Bonheur のその他のサービス

＃幸せな夫婦・家族を増やすための研究所
未来ラボ　La＃Bonheur　ラボ・ヌール

離婚を経験したからこそ、思うこと。それは「常に夫婦でお互いの幸せを意識し思いやり、声をかけていくこと」。私のところにくる方々の旦那さんへの不満を聞くと育児など「大変な時に手伝ってくれなかった」と言われる方が多いです。

新婚のうちから、事あるごとに、繰り返し少しづつ愛を育むためにいろいろな夫婦を研究する研究所のLa＃Bonheurは「ラボLabo研究所」と「Bonheurボヌール」をかけて間に半音あげる記号の#をいれました。なぜ#か？　中島みゆきさんの『糸』の歌詞の「仕合わせ」のように横の糸と縦の糸を紡いだかたちを描いた時に、合せた形が「#」にみえたからです。半音あげるように家庭の幸せレベルを少しづつあげていく。縦と横の夫婦の「十」だけでなく家族が織りなすように、あと2本足して「#」です。

夫婦が円満の秘訣を探るため、研究に参加しているような気軽な気持ちで試しにいろいろな施策を行ったり、夫婦の関係向上・改善ワークショップに参加したり、ラブラブ夫婦の秘訣を教えてもらうなど……その中でどれが自分たちに合うかわからなくとも、新婚の時から何かあるごとに素晴らしいサービスに出会える機会があれば、離婚の危機を乗り超えられるのではないでしょうか。

子どもができて新たな試練が訪れたりします。夫婦でうまくいっていたことが子どもも入った新しい家族のかたちに変形した時にうまくいかなくなることもでてくるでしょう。

「私たちこそ幸せな夫婦!」と自信のある夫婦はぜひその秘訣をLa # Bonheurに教えて頂きたいと思っています。

#もしもの時のおまもりLINE@ PorteBonheur

PorteBonheurとは仏語で『幸せを運ぶおまもり』という意味です。

Re婚相談所もLa#Bonheur（ラボヌール）も敷居が高いなとか登録するまでもないかなと思った人にはもっと気軽なLINE@があります。

Re婚相談所のチラシやパンフレットをみて興味があっても持ち帰る勇気がない方でもQRコードを読み取ってもらえればいいものです。

これは普段は離婚と関係なく毎月2回、女性の自分磨きのイベント・セミナー情報などが送られてきて、自分ひとりもしくは友達・夫婦・家族で楽しめます。

今までの例でいうと「ワインとシャンパン×癒しのキャンドルヨガNight★」や「ZUMBAエクササイズとHIPHOPで楽しく絶品フレンチを堪能☆」「ほんcafe〜秋の会〜ほんわかした空間で、こだわりの珈琲・紅茶を片手に本を囲んで、休日をゆるりとみんなで対話する時間☆」などです。

そして何より、ＬＩＮＥ@は何かあればすぐに問い合わせや相談ができます。予測もなく一方的に離婚をせまられたり、家を出て行ってしまったり、浮気を発見したりそういう時に安心です。

＃Re婚準備のキュレーションサイト

Re婚や離婚に関連する専門家や、経験者を紹介していきます。

専門家にインタビューして活動内容や人となりを紹介したり、離婚を思い留まって生き生きしている方、そして離婚をして輝いている方などを紹介したりします。

そして離婚に関する新着情報なども発信していくことを目指します！

第二章　わたしの離婚に至るまで

VI

Story of my married life

Bonheur

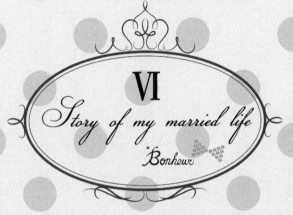

結婚してから九年ほどは離婚をするつもりは全くありませんでした。それが約十二年の結婚生活の中でどう心境が変わっていったのか？　また、どのようなタイミングで離婚を決意し、どうやってモラハラを受けていた状況から準備二ヶ月、切り出して五日で「円満離婚」することができたのか？

この章で改めて振り返って語ることで私と同じように悩まれている方の気づきになればと思います。

離婚を決意したときの私のような立場にいる方は、とても多いはずです。でも、私のように、「円満離婚」をすることができた例はとても少ないのではないでしょうか。だからこそ、円満離婚の秘訣は学び、模索する必要があると考えるのです。

もちろん、夫婦の形は一組一組違います。私と同じような方法が全ての方に通じるわけではありません。なぜならば、円満離婚の方法はそれぞれの夫婦の中にあるからです。だからこそ、自分にあった円満離婚の秘訣を模索しなければならないのです。

とはいえ私の自叙伝を書きたいのではなく、元夫や子どもたち、義理の家族との関係もあるため、できる限りモラハラの詳細エピソードは差し控えさせて頂くことをご容赦ください。

何故なら、モラハラやDVをしてしまう側も、普段はひとりの真面目で優しい人間であるからです。

＃結婚に至るまで

私と、別れた元夫は、小学校の同級生でした。

しかし、私は小学校四年生の年に引っ越しをしたので在学期間も短かった上、一度も同じクラスにならぬまま、お互いに別々の中学に進み、話をした記憶はありませんでした。

再会したのは成人式で、その後、地元の集まりでよく話をするようになりました。元夫は小学生の頃は、成績優秀で頭が良い印象が強く、周りをよせつけない意地悪そうな雰囲気で、仲良くなれそうにはありませんでした。しかし、再会し彼の真面目さや優しさを知ることで小学生の頃のイメージとのギャップで惹かれていきました。その当時の私は、意地悪そうでおしゃれな、格好の良い男性を好む傾向にありました。それでいて真面目で硬派なところが、まさに私の理想のタイプでした。やがて「この人と結婚したい」と思うようになりました。

付き合って数ヶ月経った、大学卒業間際の三月には双子を授かり、就職する間もなく結婚しました。

私は母方の実家で、初孫だったのでいとこが下に十二人おり、いつもまとめ役でした。保育士の母の影響もあり子どもが大好きで、高校生の時から夏休みは保育園や学童、特別支援学校のボランティアをしていました。幼児教育だけでなく福祉系の勉強をしたかったため、大学は社会福祉学科に進み、児童福祉学を学びました。在学中は夜間の預かりもある幼稚園や保育園でアルバイトをしていました。

社会福祉士の受験資格要件を満たすため、結婚した翌年も大学に残る予定でした。しかし、授かったのが双子だったこともあり、つわりが想像以上にひどく、大学に通いきれず育児に専念するため、そのまま専業主婦になる道を選びました。子どもが好きで将来は子育て支援施設で働きたかったため、双子の育児が何より経験としてキャリアにも繋がるとも思ったからです。双子を授かった時が今までで一番幸せを感じた瞬間でした。

＃結婚後

一緒に暮らすようになってから、元夫の困った部分が少しずつ現れてきました。やがて日常的に怒られるようになりましたが「最初は仕方ない、私の落ち度でもあるし素直に従って直そう」と思って頑張っていました。

しかし大きな違和感があったのは妊娠安定期を過ぎた頃のことでした。

私は身体が重く、動くのも辛かったのですが、家事を頑張っていました。その日は特に身体が重く元夫からの「帰るコール」を受けて、夕ご飯を用意した上で、横になって待っていました。ところが、帰ってきた元夫のチャイムが鳴って即座に起き上がり、玄関に出迎えに行くと、何故か元夫は激昂していました。

玄関に出迎えに来るのが遅かったという理由でした。

すぐに私が、体が辛いから横になっていたことを伝えるも「横になっていた？　俺が働いている時に寝ていたのか、お前は！」と少しの遅れも許してもらえず、それに対して「私としては精一杯努力しているし、横になっていてもきちんと玄関に出迎えにも行って、なのにその動作が遅いだけで怒られるなんてあまりにも理不尽で悔しい」と訴えました。しかし、それでも元夫には理解してもらえなかったので、悔しくて泣いてしまいました。その結果お腹が張って、そのまま入院する騒ぎになってしまいました。

#もしもの時のために……

その頃からです。離婚をするつもりは全くなかったのですが、あまりにも理不尽に感じた時は、泣き寝入りをせずに、その時の状況や行き場のない想いを「もしもの時のため」に記録をするようになりました。

普段、私は明るい性格なので、辛い経験もつとめてポジティブな笑い話に変えて友達に話し、毎日を過ごしていました。

辛い経験があっても「元夫はいつも仕事を頑張っていて、それできっとストレスなんだと思う。私たち家族皆のために頑張ってくれていてありがたい」というのが最後の決まり文句でした。

何より元夫を心から好きだったので、友人たちもまさか離婚するとは思っていなかったようです。

そのような中、弁護士をしている親友が「記録の必要性」を教えてくれました。その親友の助言を踏まえ、記録としても有効に残るように工夫しました。誰にも話せない内容を文字にすることは、何より私の苦労を受け止めてくれる場所があるような気がして、心が少し晴れたものでした。

大喧嘩になりそうな時は、衝突を避けるために記録を書くことで気持ちを落ち着かせ、整理しました。問題解決のために、元夫が機嫌の良い時にマッサージをしながら、なぜ嫌なのか理由を添え理不尽な態度を改めるよう伝えていました。

客観的に理解をした元夫でしたが、逆に自暴自棄になり、解決に至りませんでした。元夫は脚に持病があったので、毎晩マッサージしました。でも毎日は大変で、特に妊娠中は力を入れるとお腹が張るのでやりたくないと言っても、聞く耳を持たず、強いられていました。

＊＊＊＊＊＊＊＊＊＊＊＊＊＊＊＊＊＊＊＊＊＊＊

★記録は相手を責めたり自尊心を傷つけたりする武器ではなく、あくまでもいざという時に身を護るための盾！

人は嫌な記憶は忘れようとする習性があるので、ポジティブな私はなおさら、普段は記録しても細かいことは忘れていました。できれば思い出したくないものです。

だからこそ元夫本人や相手の家族もここまでと思ってはいないだろうと思うほどの、壮絶な資料や音声が記録されております。相手のためにも本当に裁判にならずに良かったと思っています。

もしもの時の備えとして、事実がわかるように、元夫からのメールやLINEはしっかり送信元と日付を明確に残したり、日記として書き綴るときも気を使ったりして、メールで自分から自分へ送信し、夜中の出来事は夜中にリアルタイムで起きていることがSNSへの非公開投稿と併せてわかるようにしていました。

今回の本の執筆にあたり聴き直そうとフォルダを開いただけで、その痛烈なタイトルに私自身が目を背けたくなる程でした。昔書いた記録を、今読み返すと、元夫への健気な想いに第三者的な目線で「健気だな」と感じる程です。

またそう思う反面、本当にこんな酷い事を言われ続けていたんだと自分ながらに驚いてしまいます。

離婚を切り出す時も私はその記録を相手に突き付けようとはしませんでした。「できれば傷つけたくなかった」のです。

離婚の目的は、今までの苦労を解って欲しいだとか、憂さを晴らすとかではなく、あくまでも「家族ひとりひとりの幸せのため円満に離婚をしたほうがいい」その一心からでした。

幸いその想いが通じて元夫に聴かせることもなく、いっさいを終えることができました。

私は、記録は相手を責めたり自尊心を傷つけたりする武器としてではなく、あくまでもいざという時に身を護るための盾として持っていたのです。

私にはまだ行動の自由がありましたが、荷物チェックや携帯チェックの徹底している夫によるDVやモラハラは立証が難しく、さらに記録するのも難しいのが現状です。私は記録をとっておいて本当に良かったと思っています。なぜなら第三者には家庭内の事はわかりづらく伝わりづらいからです。★

＊＊＊＊＊＊＊＊＊＊＊＊＊＊＊＊＊＊＊＊＊＊＊＊＊＊＊＊

＃気を遣う日々

日々献身的に尽くしても日常茶飯事に怒られてばかりで、常に気を張り、辛い経験を繰り返していました。それでも「怒られるのはお前が悪いからなのになぜわからない」「自分が悪いと思っていないで俺にばかり悪いように言い、棚にあげるその態度が悪い」と言われました。

「結婚した以上、自分にも落ち度はあると素直に認め、何としても添い遂げるものだ！」と信じて努力しました。それでも「子どもを守るため、むしろ働いてくれる事に感謝して我慢しよう」と言い聞かせていました。

一方、元夫の口癖は「離婚するぞ」でした。私には離婚ができないと思って脅していたのでしょう。それに対して「離婚はしません」と返していました。ただ一度だけ離婚を切り出した日を除いては……。

このような事実をここで述べるだけでも、一方的に相手の落ち度を書き連ねているようで心苦しく思う性格なので、記録の中には常に自分のその日の落ち度も書くようにしていました。

誰も見ないかもしれないのに、いつも元夫を擁護する言葉も添えているのが後で見返すと良くわかります。

今でも、自分に何一つ落ち度がなかったとは思いません。棚に上げて人のせいにするのが嫌いなのに、棚に上げていると言われるのがいつも傷つきました。、むしろ原因を自分に求めすぎて自分が変われればなんとかなる、と当時は思い込んでいました。

しかし真摯な心は認めてもらえず「お前はわかっていない」「悪いとわからないお前が悪い」「悪いことを認識しろ」と許して貰えませんでした。

その後も日々、気を張って過ごしていました。

元夫の要求レベルはどんどん高くなり、次第に億劫になっていきました。

＊＊＊＊＊＊＊＊＊＊＊＊＊＊＊＊＊＊＊＊＊＊＊＊

★モラハラとは？＝精神的暴力

いつも怒られていると「自分はダメな妻だ。自分が悪いんだ」といつも自己否定を迫られて、がんじがらめになっていきます。

モラハラとは、モラル・ハラスメントの略称。

言葉や態度といったモラルによる精神的な暴力や嫌がらせのことで、嫌がらせの隠蔽として「モラルハラスメント」と呼ばれています。モラハラは、肉体的な暴力とされる所謂「パワハラ」とは違い、言葉や態度によって行われる精神的暴力のことです。日本では「精神的嫌らがらせ」の一種であると考えられています。これを受けることによる心身への影響として、心的外傷、抑うつ、ストレス性障害などがあり、その深刻さからモラハラに対する法律が施行されている国もあります。

・モラハラはわかりづらいため、気付くことが大切です。

・結婚生活を十二年も続けられるぐらいならそんなに酷くないと感じますか？

また世間体を気にする人はＤＶを隠します。

恐怖から無力感におちいり　気づかないふりをしたり、ごまかしたり。逃げたりするので長期化します。早期予防や対処が困難です。★

＊＊＊＊＊＊＊＊＊＊＊＊＊＊＊＊＊＊＊＊＊＊＊＊＊＊

＃家事や子育てに追われる日々

元夫は家事や子育てに非協力的でした。但し、それは離婚の直接の原因とはなりませんでした。仕事が大変な元夫が家事や育児に協力することは難しいと思いましたし、何か足りないことは他の誰かに手伝って貰うこともできるからです。

しかし、やることなすこと責められると、辛い思いばかりが積み重なっていきます。双子育児は想像以上に大変で、疲れるあまり、子ども達と一緒にそのまま眠ってしまう時もありました。双子が二人同時に泣くので一人を抱っこして、もう一人はラックに入れて、足でラックをゆすってあやしました。そのような状況でもうるさいと怒られることもありました。

仕事の帰りも遅く、深夜二時、三時になることも多くありました。

「できる限り要望に応えよう」と夜中の料理出しにも努めていました。

友達からは「タエが優しいからつけあがるのよ。もっと強く言わなきゃ」とアドバイスを受けました。何度も強く言ったこともあります。実際に元夫に直談判している様子を知った友達は、私がおとなしくて何も言えていないと思っていたそうで、こんなに正論で堂々と切り返しているとは、と驚いていました。

しかしその度、事態が悪化するので結局は何をしても無駄だと思いました。

「結婚生活は諦めが肝心」とすら思っていました。

その当時の私には、離婚は選択肢にはありませんでした。

こんな状態でも九年ほどは元夫のことは嫌いにはなりませんでした。

一度好きになったら相手のどんな面も愛したいと思う、私の「一途」な想いが強い性格ゆえでした。

＃家族のお出かけはできるだけ避けたい

家族四人でのお出かけは、元夫のショッピングの同行でした。高級志向の元夫は、高いものを欲しがることがあり、「とてもそんな余裕はない」と私が言ったりすると怒り出します。

高級自転車や服を買えないと言うと道端やお店に置き去りにされたこともあり、夫の機嫌やお金の心配ばかりしていました。買ってあげたい気持ちもあるし、どうしても欲しいという元夫の気持ちも分かるので、どうにかしたいけれどどうにもならない葛藤が辛くて、家族のお出かけは楽しいと言うよりは辛いとばかり思うようになりました。やりくりをするのは私で、貯金もとても難しかったのです。

今住んでいるマンションは、安いマンションを買った物件を高く売り、利益分を頭金にしたりして買ったものです。そういう不動産の値動きに興味もあったし、売買も保険もほとんど家の事は私が決め、手続きしていました。

「家に引っ込んでいたらもったいない。仕事をすればいいのに」

と友達には勧められたりもしましたが、「私には出来ない」と決めつけていました。

【義理の家族への感謝】

私がそれでも長年結婚生活を続けられたのは義理の家族のおかげでした。親戚も義理の家族もとても優しくしてくれました。元夫の当たりのきつい責め口調も、性格も家族はわかっていたのでむしろ心配して助けてくれました。

お義母さんは、双子の育児を手伝うために乳幼児の頃は隔週に泊りがけで来ては面倒をみてくれ、その時にお義母さんに近況を話したり、元夫の困ったところや理不尽なところを聞いてもらったりするだけで、心がとても楽になりました。一番大変だったこの頃、お義母さんが分かってくれるだけで心の支えになりました。

息子の耳の痛い話も聴いて、寄り添ってくれたお義母さんには今でも感謝しています。

お義母さんの寄り添いがなければ、乳幼児期の子育ての段階でとっくに心が折れて、もっと早期にどうしようもなく家族が破たんしていたかもしれません。

ただ、幼稚園入園前にあまりに理不尽すぎて納得ができないことがあり、お義母さんにメールをしました。結果、お義母さんを心配させてしまい、思い悩ませてしまったので、それからは心配をかけたくないとの思いで、できる限り夫の困りごとの話をするのをやめました。大きな出来事は、個人で書き綴り、自分の中で消化するようになりました。

子どもたちが小学校に入ってからは育児負担も減り、話す頻度が減ったので、いつしか深刻な話はしなくなりました。それからは家族四人を養っていて偉い、という元夫の良い面の方が際立つようになりました。逆に元夫が帰郷した時に、私のことを悪く言っているのではないかと思うこともありましたが、誤解があったとしても相手の親子関係に水を差したくなかったので特に訂正もせずに過ごしていました。

節約していることが分かりにくいように工夫したり、辛さを漏らさず明るく楽しく過ごすようにしていたので、もしかしたら夫が働いて、たくさん稼いでいるから豪華な料理が作れて、私も自由に楽しく良い思いをしていると思われたかもしれません。

離婚直前は、乳幼児の時のモラハラからは想像がつかないほどにエスカレートしていました。

義理の父もとても頼もしく、家具を組み立ててくれたり、子どもたちが二歳の時、夜泣きが酷くノイローゼになりそうな時も颯爽と車で迎えに来てくれました。

プールや旅行やアウトドアにも連れていってくれていたし、何よりお義父さんの作ってくれる料理がとても美味しくて好きでした。

元夫が足りないところを他の義理の家族に補ってもらっていたことが、モラハラでも結婚生活が長く続いた秘訣だと思います。

元夫の祖母とお喋りをするのも面白く好きでしたし、義理の妹も良い子で可愛くて大好きでした。

そんな元夫の家族それぞれに、本当は離婚をする時に一人ずつ感謝とお別れを言いたかったのに叶わず、離婚せざるを得なかった事情も、感謝の気持ちもしっかりお話しできなかったことが心残りです。

今でも子どもたちを義理の家族のもとへ遊びに行かせるときは、「ひいおばあちゃん、おじいちゃん、おばあちゃんに優しくするんだよ。感謝するんだよ」と言ったりして届かずとも礼を尽くしています。

＃キッカケは子どもの教育問題

そんなふうにそれまで、離婚を全く考えたこともなかった私が、離婚を意識するようになったのは、九年目を過ぎたくらいでしょうか。

元夫による、子どもたちへのあたりが強くなってきたことからでした。

夫は、いわゆる「教育パパ」でした。

子どもたちも決して悪い成績ではありませんでした。しかし、目標としている中学校は難関校であるが故に小学校でも塾でもトップの成績でなければ合格は難しい状況でした。

しかし、求めるレベルが高く、中学受験が重荷となっていたと思われ、成績が伸び悩む時期もありました。

そんな状況を元夫は許せませんでした。子ども部屋のドアをドンドンと叩いて怒鳴ったりしました。勉強をみてあげることもせず、ただ怒るばかりで、さらには「勉強のことしか興味がない！」とすら子どもたちの前で明言していました。「俺は子どもたちを中学受験させるために働いている」という元夫に対し、「家族四人で幸せに暮らすためじゃないの？　中学受験をしなくても素晴らしい人はたくさんいる」と私が答えると、「いや、勉強を頑張らないなら俺も働くのをやめる」と言った音声が記録に残っています。

＃第三者からの多角的で柔軟なアドバイスが閉ざされた家庭内には必要

そのような発言がＳＯＳでもあったことに気付いて心療内科や安定剤を勧めたりもしましたが、元夫はプライドが高く決して行こうとしませんでした。今ならカウンセリングを勧めます。そんな選択肢すら、普段家にいる当事者には思い浮かばないのですから、第三者からの多角的で柔軟なアドバイスが閉ざされた家庭内には必要だと思っています。

気が付くと、そういうやり取りにうんざりして、愛情らしきものはあらかた無くなっていました。

何をしても怒られる、そんな不快な思い出ばかりが頭にこびりついていました。子育てが忙しくて、毎日、あくせくと動き回っている時期は、例え元夫にどう言われようと、あまり別れたいとは考えないものです。考えているヒマもないからです。落ち着いて、自分や自分の周囲を見回せる時期になって、初めて離婚が現実味のあるものになっていきました。

＊＊＊＊＊＊＊＊＊＊＊＊＊＊＊＊＊＊＊＊＊＊＊＊＊＊＊＊＊＊

★『家庭内恋愛』

ポジティブな私は九年目くらいに危機を感じたころ、「もう一度旦那に家庭内恋愛して成功したら『家庭内恋愛』というドラマの脚本を書きたい！」と言っていた記録があります。

私は二人でたまにはデートでもしたら気分があがると思い九年目の誕生日に「プレゼントは要らないから手つなぎ夜景デートをしたい！」とお願いしました。

しかし見事に却下されました。仕事の帰り道に普段通る道で数分手をつなぐ程度の軽いお願いだったのにそれすら叶えてもらえず、そこで完全に気持ちは冷めてしまいました。★

＊＊＊＊＊＊＊＊＊＊＊＊＊＊＊＊＊＊＊＊＊＊＊＊＊

友人に話してもらってやり過ごしていたので、専門家に相談しようとは思いませんでした。自分がモラハラを受けているという実感は薄く、認めたくもない。かわいそうな自分ではないと思い、専門家に相談することはありませんでした。私は当時の自分に「Re婚相談所」を教えてあげたかったという想いでこの事業に取り組んでいます。

漠然と見えないゴールを毎日過ごす中で、どんどんモラハラも進み、家事もおろそかになり、遂には家族で会話をするのも億劫になりました。

それでなるべく会話をしないようにしていたら、夫も少しは気になったのか、やさしく接してくるようになりました。「あ、これが続くのなら別れる必要もないかな」とホッとした時もありましたが、結局、半年後、倍の形で元に戻りました。

子どもたちが小学校を出るくらいに「離活」（＝離婚活動）の二文字を頭に浮かべ

てみては、辛い現実から必死に抜け出したくなりました。でも、なかなか次の一歩が踏み出せませんでした。

「使えない」と言われ続け自分には力なんてないと思い込んでいたからでしょう。とても二人の子どもを引き取って私だけで育てていく自信もありませんでした。

それから、元夫が激怒する出来事がありました。キッカケは本当にごく些細なことでした。

元夫は怒り出し、そのまま荷物を持ち実家に帰ろうとしました。

「ああ、こういう人とはもう無理」と、私もとうとう自分の中で気持ちが切れてしまいました。が、その時は、よく話し合いをして、まずは関係を修復する流れになりました。

しかしそれも長くは続きませんでした。我慢して気を付けると余計にストレスが溜まるようでした。

＃離婚相談所を作りたい

弁護士の親友にまず相談しました。ただし裁判になったりするのは回避したく、あくまでも円満に離婚したいと考えていました。

自分に合った情報を、仮にネットで調べてみようとしても、どうもピンと来ないところがありました。それなら離婚経験者や専門家に直接聞いた方が早いとも感じました。

一口に離婚と言っても、すべてのケースがみんな違います。ネットに出てくるケースを一つ一つ読んでも、その通りにはいきません。

例えば離婚の際に、養育費などの取り決めに欠かせない公正証書も、私は行政書士に作ってもらうものだと思い込んでいました。しかし、主婦の私には頼むお金がなくて離婚を諦めたこともありました。すると経験者の方から、「自分で作れるよ」と聞かされたのです。実際に自分でも書きましたが、大切な問題なのでやはりプロに頼んだ方が良かったと思いました。

それで自分で公正証書の案文を書きながら、いつかは行政書士を目指して離婚相談所を開きたいと思いました。

女性が自分の権利を守るは大変です。すべての準備がワンストップで揃う、身近な離婚相談所が必要だと考えました。

私の場合はまだ十二年間保存し続けた記録があったから良かったですが、もしそれがなければ、いくらモラハラを受けたと主張しても証明が難しいことから、こんなにスムーズ離婚には至らなかったと思っています。

経済的には、まだまだ妻が夫に依存している夫婦は多数派であり、少々のモラハラなら我慢して当然という風潮も残っています。

記録に困ったこともあり、モラハラ専用アプリには記録機能も実装したいと考えます。

離婚を意識してからは元夫とのやりとりを録音するようにしていきました。離婚直前に私の母に聞かせたところ、ようやく事の重大さに気づきました。

＃パパの悪口は決して言わない

それでも子どもたちは、元夫のことが大好きでした。かっこよくて頭が良くておしゃれで自慢の父親でした。

私はけっして子どもたちの前で元夫の悪口は言いませんでした。

子どもが生まれる前から決めていたことの一つです。母が子に同調を求めたり価値観を押し付けたりして父親を悪く言うようなことは決してしたくありませんでした。

元夫だけでなく他の家族や親戚、子どものお稽古先や幼稚園、学校の先生に対しても、悪い評価が子どもの耳には入らないようにしていました。

親の視点を持ち込むのではなく、子どもが素直な気持ちと自らの感性で、接してくれる大人を判別して欲しいと考えているからです。

それでも離婚する時には、子どもたちから「僕たちもたまに夜中目が覚めて、ママが泣いているのに気づいていたよ」と言われたこともありました。

＃児童虐待防止のパンフレットとオレンジリボン

ある日のことです。

子どもたちと一緒に地区センターに行った際に「親の子どもに対するＤＶ・児童虐待に対する」パンフレットが置いてあり、これを家に持って帰りたいと子どもたちが言い出したのです。オレンジリボンをつけたいと言いました。気持ちを汲んでいたたまれなくなり家に持ち帰ると、元夫の枕元にパンフレットを置いたのでした。

「パパのことが大好き」だからこそわかって欲しい。子どもたちなりの意思表示だったのでしょう。

枕元のパンフレットに気づいた元夫がこれは何か尋ねると、子どもは、

「この絵が可愛くて今日一番印象に残ったからパパと読もうと思って持って帰ってきたよ。一緒に読もう」

と言いました。

それに対して元夫は「こんなもの、子どもが読むものじゃないから寝るぞ」と中身

を読もうともしませんでした。

子どもたちの必死の訴えも、元夫には伝わりませんでした。子どもたちのために離婚をすることをためらっていましたが「子ども達のためになっていなかった」ことに気づきました。

もう動き出すしかありません。

Ⅶ

Story of my divorce

*Bonheur

本当の意味の幸せに向き合うことを教えてくれた亡き祖父

離婚を決意してから夫に切り出すまでは二ヶ月間ありました。

六月にその準備を始めて、どう切り出すかをいろいろ考えている最中に、私の祖父が亡くなりました。祖父は会うといつも「お前と家族の幸せを祈っているよ」と言ってくれ、別れ際には決まって「幸せになれよ！」と言う、やさしくも私の表情から核心をついた指摘をしてくれる祖父でした。

亡くなった祖父を前にすると「幸せになれよ！」という言葉が、願いが、そのままありありと脳裏に浮かんできました。そして祖父のお葬式の時、「今の私は幸せではない」と改めて感じ、「幸せになろう。向き合おう」と強く決意する契機になったのです。子どものために離婚準備を始めていたけれど、ここで更に自分の本当の意味の「幸せ」を意識するようになりました。

十二年の結婚生活の総仕上げのつもりで、ずっと、どうすれば元夫が快く納得してくれるか、揉めない別れ方が出来るかを考えていました。

お葬式の終了後、叔父にもしかしたら夫と別れるかもしれないと洩らしました。すると叔父は、

「もし離婚をするとしても、せっかく縁あって結婚したのだから、別れた後もずっと相手の幸せは願っていくんだよ」

と言ったのです。

ハッとしました。

「目的は家族ひとりひとりの幸せのため、そのために今一緒に暮らすべきではないから別れる。その時の状況ごとにその家族のかたちが変わっても家族としては終わらない」

そういう考え方が私にはしっくりきました。人それぞれの状況によっては離婚して一切連絡もとりたくない、縁を切りたいという場合もあるとは思います。しかしながら家族であったことを後悔し、過去の全てを否定するより、家族であった時の良い部分は肯定できる方が今後の自分の自己肯定感にもつながる、私はそう思えました。

きれいごとかもしれませんが、私は家族一人一人の幸せを目指した結果として「離

婚」という選択をしました。

一度は好きで結婚した相手を……顔もみたくないくらい嫌いで別れるより、円満に離婚に合意して、良い思い出はそのままに出来たら……。

あまりに酷い事をされたら顔も見たくないのは当然ですが、それでも相手が誠意をもって対応してくれたら少しは気が収まっていくものです。

それに、「きっと辛いのは私だけじゃない。夫だって私や子どもたちにやさしく接しようと努力しようとしても、それができない葛藤で辛い気持ちだろう。別れるとしても、自分だけじゃなく、相手の幸せも考えなくちゃいけない」と気づいたのです。子どもたちにとってはずっと父親や母親であることには変わりはありません。父親も母親も幸せでいることが何よりだろうと思いました。円満に離婚が上手くいくかは、その後、自分や相手・子どものメンタルに関わる大きな問題なのです。

＊＊＊＊＊＊＊＊＊＊＊＊＊＊＊＊＊＊＊＊＊＊＊

★離婚は子どものため？　子どもに委ねない

まだ小さい子どもは親の離婚がよくわからなくて、「うん」と言った言葉の重みを数年後に後悔する子もいます。

子どもに決定権を委ねてはいけません。子どもに委ねる捉えかたによって、その子どもは大きくなって事の次第を認識した時、とんでもない結論を下してしまったと後悔することになり得ます。子どものために離婚しないことも確かに親の責任としてはあると思います。

けれどそれで嘆くばかりの母の姿を見る子どもも辛いものです。母のためを想い、複雑な気持ちを隠して素直に言えない子だっているのです。

「母が泣いているより笑っていたほうがいい」

確かにそれもそうだけれど、決まり文句のその陰で母に合わせる健気な子がいないか？　子どもの隠された真意に注意を払う作業は忘れないようにしていきたいものです。★

★最善策を知るのはあなた

養育費不払いを通す人や資産を隠す人。口約束のみでも一度も滞納のない誠実な人、性格や職業によりそれぞれです。今後の動向や行動予測をたてられるのは、長年連れ添い相手をよく知るあなたです。資産によっては養育費の一括払いや保険の払い込も視野に、賢明に将来を予測する必要があります。

元夫も私が用意周到だと誰よりも知っていたので、私が言い出した時点で、充分に準備した結果だとすんなり承諾してくれたように思うのです。

＊＊＊＊＊＊＊＊＊＊＊＊＊＊＊＊＊＊＊＊＊＊＊＊＊

一秒先の未来しかない

叔父はいつも印象的な一言を言ってくれました。

さらに印象的だったのは「オレたちには一秒先の未来しかない」という言葉です。

離婚はしてもこれからを大事にしなさい、過去を振り返るのではなく一秒先の未来のためにこれからを今生きなさい、そう諭してくれたように思いました。

＃離婚準備

「離婚」を切り出すまでに万全の準備をしました。各専門家に聞きまわり、手続きもできる限り自分で進めました。

自分で望んだ離婚でも、準備はとても大変で精神的にも辛いものでした。それでも前を向いて歩くしかありませんでした。

「泣きながらでもサングラスをかけて歩けばいい」

そういう想いで子どもや自分の権利を守るために、涙でこの一歩の先は見えなくても、踏み出すしかありませんでした。不安でしたが、それでも踏み出せば前進。進まなくても、動けなくても、一瞬後退しても、可能性を諦めなければ道は拓けると思っていました。

＃離婚の切り出し

二〇一五年八月二日。日曜日。

夫に離婚を切り出した日です。

夏休みだったので子どもたちは泊りがけで元夫の実家に行っていました。切り出すのは、子どもが不在の時がいいと考えました。切り出した後、どのような状況になるか分からなかったので、家で二人だけにならないように私の母に来てもらいました。

元夫にどう切り出すか、傷つけないように配慮して、その切り出す言葉にもすごく気を使い、何度も話す練習をしていました。

話す場所や当日どんなシチュエーションで進めるか、一生懸命に想定しました。うまく切り出せなかった場合の延期日も考えていました。

何より揉めないことがお互いのため、子どもたちのためにとって良い結果になると思ったからです。

二人で買い物に出て、元夫の買い物に思う存分付き合いました。

今までの経験上で得た元夫の最も嬉しい買い物の付き合い方で、出来る限り元夫の言う通りにしました。もしかしたら、これで買い物を付き合ってあげられるのも最後かなと思い心を尽くしました。

その帰りにファミレスに誘い、そこで話をしました。ちょうどよい距離が保てるテーブルの幅で、密室ではなく周りに目があって、適度にざわついていて周りには話が漏れない場所を選びました。

「今まで、〇〇も辛かったよね……」と、まずは元夫の気持ちになって、今までの二人の関係を振り返ってから私の至らなかったところ、頑張りたい気持ちや努力したい気持ちはあるけれど、精神的にもう限界であることを素直に話しました。離婚前は私も精神的に辛い日々が続いたため、心療内科にまで通っていました。

子どもたちが児童虐待防止パンフレットを枕もとに置いた時の気持ちなども話し、今は幼いからパパを大好きでいられるけれど、そろそろ反抗期がくること。子どもたち自身もものごころがついて状況が分かってきているから、このままだとパパのことを嫌いになってしまう可能性もあるし、パパのことを大好きだと思う気持ちを大切にしたいからこそ、これからは距離を置いてずっと大好きなパパのままでいてくれるよう、お願いをしました。私はそれまでけっして元夫の悪口は言いませんでしたし、元夫への感謝を教えていたからこそ「パパが大好きな子どもたち」に育っていることについては、元夫も私を評価してくれていました。

「今まで何かにつけて、『離婚する』とあなたが言っていたけれど本気で取り合えなくてごめんなさい。あなた自身のＳＯＳだと気づいてはいたものの、私が離婚できないことを知っていての脅しだと受け取っていました。今までは一人で子どもたちを育てていく自信がなかった。けれども、子どもたちやパパを守るためでもあるし、私もようやく腹がすわりました。やっと離婚する決意と覚悟が決まったので、あなたの言葉どおり離婚に応じます」

「今のうちに別れた方が、家族みんなが良い距離で暮らしていけると思う」

「別々に住めばあなたも私たちの至らぬところをみて、イライラしたり当たることもなくなり、ストレスも軽減されるでしょう」

実際に元夫は、「離婚する」と言い続けていたわけですし、自らのモラハラも意識していて、元夫自身もこれ以上は努力の限界だったんだと思います。その場で円満に離婚することを受け入れてくれました。

別居は私たちの場合には、不経済で中途半端だったので選びませんでした。

＊＊＊＊＊＊＊＊＊＊＊＊＊＊＊＊＊＊＊＊＊＊＊＊

★円満離婚のために

モラハラを受けるような関係で円満離婚なんてあるわけない、と思うかもしれませんが相手も人です。

それでもすんなり離婚できたのは、たまたま私たち夫婦の場合に限った事かもしれません。夫婦も家族もそれぞれ全く同じように対応することなんて不可能です。状況やタイミングがずれると同じ言葉でも相手に届かなくなることもあります。だからこそ、その夫婦に適切な切り出し方や言い回しや話し方などを模索するとともに、相手の「気持ち」を考えて素直に話すこと、何より感謝の気持ちや相手を想う心から伝えることが必要だと思います。

円満離婚の秘訣は、自分の幸せだけでなく相手の事も考えて、腹を割って心

の底から相手に対するこれまでの感謝を伝え、素直に前向きな未来への選択を伝える事だと思っています。

そんなの無理、夫が分かってくれる訳がないと諦めている方も、今までのやり方や結果でのみ決めつけずRe婚シェルジュと一緒に新しい視点で夫婦円満になれる落としどころを引き出し模索していきませんか? Re婚シェルジュはカウンセラーではないので専門的な心のケアまではできませんが、共に考え、第三者的な立場で可能性を広げるお手伝いをします。★

＊＊＊＊＊＊＊＊＊＊＊＊＊＊＊＊＊＊＊＊＊＊＊＊＊＊

元夫とは離婚することに合意が得られたので、場所をかえて喫茶店で今後のことを話し合いました。

一番の条件は子どもの環境を変えないことでした。

名前も住むところも、それまでのお稽古ごともです。元夫が元夫の実家に移り住むということだけが変わりました。

戸籍も私だけが抜け、私が元夫の姓で新しい籍を作りました。寂しがり屋で仲間はずれのようにひとりになるのを嫌がる性格の元夫に配慮して、戸籍には息子たちを残しました。

将来、元夫の跡取りとなっても構わないと思いました。「成人するまで大切に子どもを預って育てる」ということで親権は私が持ちました。

私たちが至らぬばかりに、子どもたちにこれ以上悲しい気持ちをさせたくなかったし、元夫とは離婚するものの、家族としては終わるのではなく、形を変えて私たちなりの家族の在り方を続けていきたいと思っていました。

養育費など、子どものことを話す時は必ず「I」私や俺ではなく「WE」私たちは「FOR」子どものために「DO」どのようにする、というように話し合うことにしました。

養育費は「I」で話し合うと揉めます。子どものための権利なので、子どものために私たち両親が何をできるかで話し合えば、揉めないで話し合えるはずです。

養育費で争い、揉めて喧嘩して調停を長引かしても、払う側の気持ち次第ですぐ不払いに至ってしまうこともあるのですから、夫婦で「何のため」という目的をしっかり意識する必要があります。ですから、私は主語を私「I」から私たち「WE」という思考に転換しました。

子どもの事に関して「私たちはこれからも変わらず父親と母親としての責任があること」を認識しました。

状況が状況だったので、本来はモラハラへの証拠を突き付けて慰謝料、となるのかもしれません。しかし、私はモラハラに関しては出来得るならば、証拠を突き付けたりして元夫を傷つけたくはなかったので、どうしようもなく事実を認めず、もしくは反論をされた場合にだけ盾としようと思っていました。
その旨も伝え、元夫もまた私の用心深い性格を知っていましたし、今まで生活の事はすべて私が行ってきたので、条件に関しても受け入れてくれました。

＊＊＊＊＊＊＊＊＊＊＊＊＊＊＊＊＊＊＊＊＊＊＊

★周りからの心配

親友には予め相談していたので、親友たちは私の提示する条件を知っていました。親友に離婚の決意を伝え、理由・条件を話すことで、より思考が整理され、目的も言い回しもブラッシュアップされていきました。

条件に関しても、このようなスムーズで円満な話し合いも、「うまくいきっこない。円満な解決などありえないだろう」「結局離婚できずに許す羽目になり、元のさやに収まるだろう」とも思っていた友達もいました。

親友の何人かは元夫のこれまでの行いから、離婚話を切り出したら、もしかしたら私の身に危険が及ぶのではないかと心配していました。元夫が私の事を大好きで手放せないだろうと思っていた友人もいました。

私も、物に当たりやすい元夫が、万が一「この家に住まなくなるなら、もう関係ない」と何か家具など壊されないように「元夫が家を出る前までに壊れた家具家電等の家財は元夫の費用で修繕すること」とあらかじめ約束を取り付けていました。元夫が引っ越すまでの間、洗濯機を買い替えたかった私は「洗濯機壊れろー。壊れろー」とふざけて語りかけ「洗濯機を買い替えるまでのお金は無いから、大事に使えよ！」と元夫が返すなど、離婚を切り出す直前には皆無だった会話も増え、お互い冗談を言い合えるようにもなっていました。★

＊＊＊＊＊＊＊＊＊＊＊＊＊＊＊＊＊＊＊＊＊＊＊＊＊＊

話し合いの後元夫は、毅然とするも顔面蒼白でした。家に待機していた私の母と合流しした後、私がトイレに立って戻ってきたら、夫はテーブルに突っ伏していました。私の母に「今迄すみません」と謝辞を伝え、事の次第に感極まったそうです。

私の母は、元夫とはずっといい関係で実の息子みたいに可愛いがっていました。それだけに、一気に想いが溢れたのでしょう。

私も、母も「そんなに泣かなくていいから。その気持ちだけでもう十分。ありがとう。前を向いて」と声をかけることしか出来ませんでした。

何一つ恨み言を言わず、男らしく潔く非を認め、辛い離婚という現実を受け入れた上で私の母への謝辞も欠かさなかった元夫は、かっこよくさえ見えました。

そこには結婚すると決めた当時の、誠実で真面目な元夫の姿がありました。元夫は誠実だということを私は元来より心ではわかっていたのです。

お互いに向き合って話し合えたことで、それからは一緒に帰宅するのも、話し合うのも怖くありませんでした。「離婚」という同じ方向にむけて、互いを思いやりながら、五日間じっくり話し合いました。

＃心からの謝罪

離婚を切り出した翌日、元夫はいったん会社に行き、二週間休みを取ってきました。元夫は自分のしてきた行動をすごく後悔していて、仕事も手につかず早退してきました。帰ってくると「これまでお前も子どもたちも一生懸命頑張ってくれていたのに、責めてばかりで本当にごめん」「家族のために一生懸命働くことを目標に必死でやってきた」

心の底から沸き出る本気の謝罪を聞いたのは、生まれて初めてというくらいに私の心に響きました。私も素直な気持ちで「夫婦が別れても、家族としては終わってないし、子どもの親としてはずっと続くから、これからも家族のために支えて下さい」「今までも感謝しているし、これからもずっと感謝していきたい」と元夫に答えました。

もしかしたらこういう謝罪をされた時点で、やり直すという夫婦もあるかもしれません。けれど私はむしろ「ありがとう。そこまで想ってくれているならこそ、このタイミングで別れてください」と続けました。もしここで許してやり直して、また同じことをされたら今度こそ嫌いになってしまっていたと思いますし、覚悟ができた今の段階で別れなければ自立できるタイミングを逃してしまいます。

「本当にやり直したいと思う気持ちがあって、別れてもなお誠実に私たちのために尽くしてくれてそれで、また一緒に暮らしたくなったら、結婚しなおせばいい」

と話しました。

未来の気持ちは分かりません。ただもしこの大きな決断を覆すような要素があるとしたら、それは「今刹那の想いではなく、未来の確かな結果」でしかないと思ったからです。

そんな元夫の様子をみるにつけ、離婚の辛い思いを長引かせないよう、子どもたちに元夫の嘆き悲しむ姿をみせないよう、離婚を**切り出してから子どもたちが戻ってくるまでの五日間で書類上の手続きを済ませる**ことにしました。

　離婚届はちょうど、切り出してから五日後の七日に出しました。離婚届けは私一人で出しに行くつもりでしたが、区役所に行くことが辛くて苦痛になっていた私を気遣って、元夫も同行してくれることになり、その日公正証書を作成したあと、夫婦二人で届け出を出しに行きました。その夜は最後に二人で食事をしてゆっくり語ろうと二人でフレンチを食べ、これまでの労をねぎらって緩やかに話をしました。

　道すがら、「私今回の経験を活かして離婚の辛さや大変さを少しでも軽減できるようなアプリやSNSを作りたいなあ。あと行政書士の資格をとって準備が集約されているような離婚相談所が出来たらいいなあ」と話したのを記憶しています。

　まさか、その一年後に本当に起業を志すとは露ほども思っていませんでした。

子どもたちに告げる

　離婚届を出したすぐあとに、子どもたちが元夫の実家から帰ってきました。

子どもたちに離婚の話をするときも二人で心を配りました。元夫が実家で暮らすことを告げましたが、これからも好きな時に会えるし、家族としては終わらない。離婚をしたことで環境が可能な限り変わりのないことを伝えましたが、離婚の事実はしっかり告げました。子どもたちは少し訳の分からないような、何も動じていないようにあっけらかんとした感じでした。あえてそういうリアクションをしてくれたのかもしれません。

誠実さは感謝を生む

しばらくして落ち着いた頃、私の母が実家に帰りました。母は、日頃の元夫のモラハラや、孫への仕打ちを知っていました。しかしそれでも、私の母は元夫への思い入れがありました。更に数日間の誠意のある態度に感心すらよせていました。

これでもしかしたら元夫には会うのが最後かもしれないと思ったのでしょう、帰り際、厳かな様子で、

「○○君、行くね。今までありがとうね。辛かったと思うけど、何より子どもたちの

環境を変えないでくれて、ありがとう。子どもたちが小学校を変えずに通えるように配慮してくれたおかげで、このまま同じ小学校で卒業を迎えさせてあげられることが何よりありがたいと感謝しています。○○君のおかげだよ。本当に本当にありがとう……」

最後は感極まって泣きながら言うので、元夫も私も感極まってしまいました。

お母さんが行った後、二人して「お義母さんはずるいなあ。あんなこと言われたら泣いちゃうよ」と元夫が笑って言うと、「一番良い役をもっていったね。名シーンだった」と私も笑って答えていました。目には涙があふれていました。

人は、こんなふうに感謝されると、素直に受け入れられるものなのでしょう。「自分は家族にとって良いことをしたんだ」と元夫も再確認できたはずです。

円満に潔く離婚を受け入れた元夫はまるでヒーローのようにかっこよく頼もしく見えたので、良い思い出ばかりが色濃く残りました。

非を認め円満に離婚を受け入れてくれたからこそ、私のような結末になりましたが、協議中に揉めたり、それこそ怒鳴り散らしたりすることはお互いの今後にとって良くないし、同じ「離婚」という結末を迎えるなら、このように互いに感謝し感謝されたまま離婚を迎えた方が良いのではないかと思います。

＃家族らしい家族

その後、二週間の休みをとっていた元夫は、子どもたちや私のために、まるで「人が変わった」ように接してくれました。

結婚当時はお昼に電子レンジでご飯を温める事すらしてくれなかった元夫が、私がパートに出掛ける時、料理を作ってくれました。

今までプールに連れて行ってくれなかったのに、二週間の間に子どもたちをプールに三回も連れて行ってくれました！

子どもを頻繁にバスケに連れて行ってくれたり、家族でバトミントンをやるなど想像もできない日々でした。餃子を作ったら、元夫の餃子が一番上手でした。

「やっぱりパパってすごいね！　子どものときの餃子作りのコツをまだ覚えているんだね」と子どもたちも尊敬の眼差しでした。

ナイト動物園にも家族揃っていき、カラオケにも行きました。結婚当時は、家族のお出かけが苦痛で辛かったのに、怒られないだけでこんなにも気持ちが楽になるものなんだ、と思いました。二週間を過ぎると、またほんの少しずつですが元夫が元の調子に戻りつつある兆しがみえました。

この調子は長くは続かないのだなと思うと、問題の根の深さを実感しました。

＃家を出ていくとき

元夫が家を出たのは九月です。家を出ていくシチュエーションにも凄く心を砕きました。

ちょうど四連休があったので、最初の一日で荷造をして、二日目に出発でした。

元夫が実家から大きな車を借りてきて、引っ越しのお手伝いとして子どもたちも同乗していくようにしました。ちょっとしたイベントです。

子どもたちは元夫の実家にいる「チワワに会える」ととっても楽しみにしていたようです。

元夫が一人で出ていけば、元夫は「出ていく感」が湧き、とても辛いだろう。子どもたちが取り残されれば、子どもたちにとっても「出ていかれた感」が湧き、とても辛いだろう。

だったら三人で行くのが良いのではないか、と考えたのです。

出ていく前日に元夫と結婚生活十二年間を振り返ってみました。「楽しいこともたくさんあったし、良い結婚生活だったよ」と今までの悪いことを忘れるくらい円満な雰囲気で別れることができました。

出発当日も元夫は潔くて、私の方が泣きそうになりました。

私は泣きそうだったけれど、近くに子どもたちもいたので、元夫は泣きそうな顔は見せず気丈に振る舞い「泣きそうになるだろう」と言いました。ここで出ていく元夫に対し哀しそうにしていたら、パパとママの様子に子どもたちが気づき、子どもたちまで哀しい気持ちにさせてしまいます。何のためにこういうシチュエーションをセッティングしたのか分かりません。

気丈にふるまった元夫はとてもかっこよかったです。こういう去り際のかっこよさは、今でも心に残るものです。

荷物と元夫、子どもたちが乗った車が走り出して、だんだん見えなくなり、角を曲がった瞬間、私は哀しさがこみ上げて来て、それから2～3時間くらいワアっと泣き続けました。

たとえ自分から別れを切り出した離婚でも、これだけ哀しいのです。もし離婚という選択を完全には納得できてない相手とだったら、もっともっと辛いはずです。

だから私はなるべく離婚の痛みを軽減し、幸せに向けての前向きな選択として捉えることのできるような円満離婚を勧めています。

それから、子どもたちは元夫の所へ月に二回程度は行くようになり、年越しも家族一緒に過ごしました。

元夫の誕生日と父の日には毎年「いつもありがとう」の気持ちでランチを御馳走すると決めています。

＊＊＊＊＊＊＊＊＊＊＊＊＊＊＊＊＊＊＊＊＊＊＊＊＊＊＊＊＊＊

★義父母とも円満に……

元ご主人が失業した時や不払いの時に備え、義父母を保証人に付ける方もいます。養育費は子が親に請求する権利なので法的強制はできなくとも、孫の養育費が途絶えないように義父母が保証人を引き受けてくれるかどうかは日頃の関係次第です。

普段から円満に、離婚時も円満にことを進めることで、将来の我が身を守るための円満離婚の術を身につけておいて損はありません。★

★再婚したら養育費は要らない？

養育費は子どもが親に対して要求できる権利です。再婚しても又離婚した場合、結局誰からも養育費を貰えなかったということがあります。再婚相手も新しい父母には違いないけれど生みの親は一人です。仮に減額はしたとしても、出来るだけの額で払い続ける意思が子どもへの確かな愛情の証のひとつだと思います。

通帳はラブレターといっていいくらい毎月綴られるものです。

「養育費を払うのは当たり前。お金を払うだけの機械的な証」と思う人もいるかもしれないけれど、不払いとなる人も多いくらい大変な負担です。毎月会えない子どものために振り込むのは、手間もかかるし、気持ちを持続するのが難しいかもしれないけれど、それを欠かさず払い続ける人はとても誠実で、その養育費の支払い期間が長期に渡れば渡るほど、感謝すべきことだと思います。

物心がつく前に離婚して実の父母の存在も知らず成長した子どもがいたとしても、いつか生みの親の存在を知ることがあります。実の父母に会いたくなる時があるかもしれません。

子どもは、自分は望まれて生まれ、愛されて育ったことを、払い続けてくれた少額の養育費でも実感することができるかもしれません。

また例え別れた親に会いたくなくても、払い込みが終わった時には一言は御礼や挨拶を言うのが礼儀だと思います。養育費を貰うことは当たり前の権利だからと、当たり前に受けとり支払われなくなったら嘆くのではなく、子どもに養育費を払い続けてくれることは有り難いことだと教え、子ども自身もそう思

えるような立派な「大人」に育てることが、親権を持ち監護養育する事を託された側の力量だと思うのです。★

＊＊＊＊＊＊＊＊＊＊＊＊＊＊＊＊＊＊＊＊＊＊＊＊＊＊＊＊＊

第三章　十一月二十二日良い夫婦の日
Re婚相談所プレオープン

VIII

Story of challenge

Bonheur

ここからは、離婚後から、二〇一六年十一月二十二日にRe婚相談所のプレオープンを決めるに至る迄、私がどのような経緯で、なぜはじめたかのか。キャリア、経営知識はもちろんのこと、資金も充分にない中でどの様な人たちと出会い、そして支えられ「Re婚」事業を始めるに至ったかをお話ししたいと思います。

離婚の経験を通して、いつか離婚相談所やそれに関するアプリ・SNSを創ることを漠然と思い描いていた私は、その実現を七年後と設定していました。

離婚がやっと落ち着き、子どもたちと三人、新しいスタートをして穏やかな時間が欲しかったのです。いきなりフルタイムで働くのは無理があると思い、まずは無理のない程度にパートを増やし、空いた時間を勉強に割り当てることで資格取得に集中することにしました。

計画としては、子どもが小学校を卒業するまでの一年半の間は、資格取得を頑張り、中学校に入ってから実務に関するスキルを積んだ上で七年後に独立・起業する予定でした。

七年後に目標を設定した理由は、児童扶養手当がなくなるタイミングでもあり、その頃には本当の意味で自立しなくてはいけないと判断したからです。

＃参考書のみの独学でも宅建士を取る！

「独り立ちするために勉強しよう」とまず目標にしたのが宅地建物取引主任者の取得

です。

試験日は十月十八日。その年の五月頃、不動産に興味があったこともあり、友人からこの資格の取得を勧められました。しかしその後すぐに離婚を決めたので離婚問題で勉強どころではなく、本格的に勉強を開始できたのは、一段落した九月に入ってからです。

「何がなんでも参考書だけで独学で取ろう」

お金や時間、そして不動産の経験がなくてもこの国家資格を取得できることを証明すれば、いずれ誰かの希望になるのではないかと思いました。

「いずれは離婚したくても出来なくて困っている方のために離婚相談所を開きたい」

という想いをめぐらしていたので、その第一段階として有効な資格と考えていました。シングルマザーになったばかりの私は、できる限りお金をかけずに受かるための方法をいろいろ工夫しました。早起きして、パートの出勤前に一時間の勉強をし、出勤中は不動産業を営んでいる同僚を見つけて隣に座り、勉強した内容をひたすら話して復習しました。アウトプットによって覚えていないことや曖昧なことを明確化するためです。

子どもが元夫のところに行っている時は、近所のカフェで朝から夜中まで、様々な問題集や参考書を見ながら勉強していました。

利用していたカフェは元夫の勤務先のすぐ近くにあり、そこを通る度、潔く身を引いた元夫の気持ちを考えると、私も頑張らずにはいられませんでした。元夫は、職場にも近く、住み慣れた我が家を出た後、片道一時間以上もの通勤時間をかけていました。離婚に際してその大変さを承知で私の条件を受け入れてくれた、その誠実な気持ちを噛みしめていました。元夫も頑張ってくれているのだから私も自立のために頑張ろうという気持ちが強くありました。

見事合格した私は、すぐ行政書士の勉強を始めました。今度こそ一年かけて勉強しようと思っていました。

＃常に話していたことで道が拓ける、想いは口にする

並行して多くの友人に会い、離婚の近況報告をしていました。

友達に離婚した報告をすると、みんな驚きました。私から長年モラハラの話を聞い

ていた友人からは「離婚できないと思っていた」とか、「専業主婦だったあなたが、そんな思い切った決断ができるとは」とも言われました。

「あんな条件じゃ絶対うまくいかないと思ったけど、これまでも何度も無理だろうと思う事をタエはやりのけてきたから。離婚の件でもうまくいく気がしていた」という人もいました。

そして離婚の報告とともに「いつか離婚相談所やアプリを作りたい！」と前向きな内容を盛り込んで話を締めくくるのが定番でした。

そんな中、元々知り合いだったシステム会社の社長のSさんが興味を持って真剣に話を聞いてくださいました。

「いずれは離活のSNSやアプリが作りたい」と話していたら「ニーズも社会的意義もある話だね。タエちゃんの思い描くシステムを作ってあげるよ。その気があるのなら協力するよ」と言ってくれました。

資金もないし……社会経験も乏しい……離婚の専門家としての知識もない……、実績も資格もないのにできないとお断りをしようと思いましたが、「アプリなら実績や資格がなくても作れるよ。誰かに監修して貰えばいい。七年後じゃ遅いよ。アプリやＳＮＳから作ることから先に始めてみるのも良いと思うよ」と申し出がありました。「準備期間中はＳさんの会社の社員として働いて、状況が整ったら会社を作り、女社長として独立する」という提案内容は、当時パートのシングルマザーの私にとって、ありがたい条件でした。

お世話になっている方の元会社の上司でもあり、元々の馴染みのあるＳさんだったこともあり融通が利くのも魅力で検討を始めました。何よりやりたかったことなので、その条件で挑戦できるなら早いに越したこともないと思ったりもしました。

どこでなにが繋がるかはわかりません。でもただ想っているだけでは何も広がりません。何かやりたいことがある人は常に口にすることが道を拓く鍵だと思っています。誰かの記憶に残っていればそれが何年かたって繋がることもあるからです。

二〇一六年の二月はじめのことでした。

＃真っ先に元夫に「相談」

まず相談したのは元夫でした。ゲームアプリとは違って「離婚」に関する内容のものです。もしかしたら私の離婚経験も語る時が来るだろうし、もし失敗した時の子どもの事や今後のことなどを考えると承諾を得ずには始められませんでした。

更に元夫は大手のＩＴコンサルタントをやっているので、その業界の事も知っているし冷静な意見をくれるだろうと思っていました。すると、とても理解があって「いいんじゃないか」と認めてくれました。

それからたまにわからないＩＴ用語を聞いたり、権利関係はどうなっているのかとか、いろいろ相談にものってくれました。

「インターフェースなんとかって、どういうこと？　ネイティブアプリ？　サーバ？」以前なら「そんなこと調べもしないで聞くな」と一蹴されていましたが、嫌がらず教えてくれました。これも「円満離婚」のおかげです。

＃やろうと思った時にいつでもできるわけではない

決意するまでいろいろな方に意見を貰いました。迷うといろいろな角度の人に相談し意見を聞くようにしているので、会う人ごとに意見を聞いたりしていました。その中でこんな意見がありました。

「誰もがやろうと思った時にできるとは限らない。いずれやろうと思った時は状況が変わっていてできないかもしれない」

「タエちゃんがやろうと思った時、誰かの病気やご両親の介護とかでできないかもしれないよ。挑戦できる状況環境が揃っていて、やりたかったことに手を差し伸べてくれる人がいるなら、挑戦できることに感謝してやってみたら？」

「そうか……やれるときはやったほうがいい。前向きに考えよう！」

「病気、事故・災害など、いつ自分の環境が変わるかもしれないこの時だから、『今』できるのであれば挑戦してみよう」と思いました。

＃挑戦しようと決めて二週間でコンペに提出

やると決めたら、行動は素早く、あれこれ想いを巡らせました。二月の中旬に下旬〆切のコンペに出したい旨をSさんに伝えて、二週間ほどで事業計画書をまとめて、コンペに出しました。経営の知識は０に近く、ビジネス用語もわからず、壮大な事業計画を今考えればよく素人が二週間で作れたと思いました。更にＰＣが壊れていたので、古いＰＣでワードだけ作り、対応しきれないところは漫画喫茶で作成しました。

Ｓさん以外に起業家の知り合いはいないし、ほとんど自分一人で書きました。知らないがゆえにできたのかもしれません。それもＤＢＪ（日本政策投資銀行）の女性起業家向けの全国的な大きなコンペでした。

二週間で粗削りでしたがＳＮＳ・アプリの事業計画のほぼ具体的な内容まで枠組みや構想は出来上がり、背景や意義大義を書くことで、意識も高まりました。

Ⅸでご説明する「女性を離婚の高まり別に五つに切り分けた図」も「顕在化していないニーズを顕在化させるって何？」と思案していたら、締め切り間際にふっとおりてきて書いたものです。何も知らない強みでしょう。いいからやろうという勢いでした。

それに私はエクセルも、パワーポイントも、まったくできませんでした。例えばエクセルの編集で、行すら増やせなくて字の書き込み方もわかりませんでした。それで、図が必要になったら、まず手書きで書いて、システムエンジニアをしている弟に、「こんな風に図にして」と頼んで、基本の図を作ってもらい。あとは何となく自分で直して、「あれ？　あれ？」と言いながら、人の五倍くらいＰＣ操作に苦労しました。

就職する間もなく長い間専業主婦でしたから、資料集めをするのにも時間がなくて大変でした。

ただ、この時に、自分がどんな事業をしたいか、やりたいことをまとめておいたのは、そのあと、とても役に立っています。結果は勿論、粗削りで選ばれることはありませんでしたが、「来年もっとブラッシュアップして出そう！」と、私の中でＤＢＪのコンペが一つの大きな目標になりました。

＃ウーマンズ・イニシアチブ・フォーラム

五月か六月にSさんの会社が大手町から横浜に移転するから、私が社員となるのはその移転の後からという事でした。「それまではゆっくり構想を練ってみて」と言われていました。

三月に入って、起業するにはどうしたらいいのか、情報収集を始めました。

ＩＤＥＣ（横浜企業経営支援財団）に女性起業家のための「F―SUSよこはま」で無料相談ができるのを知って相談に行ってみました。

ＩＤＥＣでは、まずサイトの登録をすすめられて、起業に関するセミナーやイベントの情報も教えて貰いました。そこで相談した中小企業診断士の辺見先生がビジネス上ではじめての相談者です。緊張しながらいきましたが、気さくで話しやすくて心が軽くなりました。

そしてSさんからの勧めもあり「ウーマンズ・イニシアチブ・フォーラム」という大手町の日経ホールのイベントに参加してみました。今ならきっと身の丈に合わないと思い、行かなかったかもしれません。凄いレベルの高さでした。

世界を股にかけて活躍する女性たちの世界的コンペの説明会のためのフォーラムでした。同時通訳の器械を耳にかけ、一生懸命メモを取り勉強しました。台湾の女性起業家の方が、同時通訳付きで話し始めました。レベルこそ高くてもテーマはその時の私にはぴったりとしたテーマでした。「どういう視点でビジネスを思いつき、事業を生み出したか」の話が多かったからです。皆さんの創業時の話を聞いて、レベルは違っても要素は一緒なのだから「自分のやろうとしている方向は間違ってないかもしれない」とむしろ励みになりました。皆最初は地道に小さい所から始まっているからです。だから、しっかり自分の理念に沿ってやっていこう、と思いました。パネリストの方々も、非常に勉強になる話ばかりでした。

0だからこそ、空っぽだからこそ、何をきいてもすんなり入ってきたのかもしれません。

「いつか私も、こういうところで喋れるようになりたいな」とぼんやりとした憧れをもって帰りました。

成功している女性起業家の方は、みんな謙虚で可愛らしいけれど意志が強いな、というのも感じました。しかし決断すべき時はキッパリと決めてブレない。そんなマインドの強靭さがとても印象的でした。

私も「ビジネスの話には積極的でも、人としての振る舞いは謙虚でありたい」そう思いました。

名刺もないまま交流会……

とにかく何でも動いてみたかったのでIDECにあったチラシを見て、経済産業省がやっているイベントにも参加してみました。場所は都内でした。

女性起業家のパネリストたちのお話の後、交流会がついていたのですが……。行ってみたものの交流会がついてあったことに途中で気付いて「あ、もしかして名刺が必要なのかも」と思った時にはもう手遅れでした。しかしながらどうしても話を聞きたいパネリストばかりだったので恥を覚悟でどんどん話を聞いて回りました。そのおかげで、少し悔しい思いもしました。

講演で創業初期の女性に対して理解があるような話をされている方がいたので、質問をまとめてその方のところに行ってみました。

しかし、その方には話もよく聞いて貰えず相手にして頂けませんでした。確かにすごく場違いだったのかもしれないですが、「この人なら」と目を輝かせ胸躍らせ待っていたのに、残念な反応でした。それと対照的にその日の受付の方の対応が素晴らしく、どんな来場者にも分け隔てなく暖かい言葉で対応してくださったので感動しました。

＊＊＊＊＊＊＊＊＊＊＊＊＊＊＊＊＊＊＊＊＊

★女性起業家である前に一人の素晴らしい女性でありたい

「どんな相手に対しても分け隔てなく尊敬し、決して偉そうな人間にはならない」と、創業時の忘れたくない想いとして手帳に書き綴りました。

なかでも「職業差別やその他差別は絶対しない」と。「外見や振る舞いだけで判断するのではなく、一生懸命な人を決して見下さない」「目の前にひとりがいたらそのひとりを大切にしたい」と。

たとえ女性起業家としては完璧になれなくても思いやりのある人間に、起業家である以前に「やさしい女性」であることだけは忘れまいと思いました。

学歴や、職業や、家庭環境や見た目で相手を差別するようなら、離婚関係の仕事はそもそもできません。なにより、目の前の一人の女性の可能性を大事にし、決定を尊重し「幸せ」を本当に願うところが始まりです。★

＊＊＊＊＊＊＊＊＊＊＊＊＊＊＊＊＊＊＊＊＊＊＊＊＊＊

一方で、分け隔てなく接してくれたパネラーの方や出席者も多くいらっしゃいました。

エニタイムズの角田千佳さんもその一人でした。アプリ開発というところもまさに聞きたいことばかりだったので、質問をさせていただいたのですが、とても丁寧に、そして的確に対応して下さいました。こういう方になりたいなと憧れました。
その場だけでなく、あとでご連絡させていただいても丁寧でした。その後エニタイムズのＡＮＹＬＩＦＥにも私に関する記事を載せていただきました。右も左もわからない中で優しくしてくれた方のことは忘れられないものです。

＃新しい世界・人脈の拡大と大切な出会い

動き始めたばかりの私はほぼ人脈もありませんでした。
三月四月いっぱいは、私自身の世界を広げていく段階でした。

この頃、偶然の出会いなどから私がビジネスを立ち上げるために、とても大きな手助けをしてくれた方々に出会います。

#ラッキーを運んでくれるノブさん

ノブさんとは、縁あって偶然知り合って、その時にマーケティングのお仕事をしていると聞いたので、まずはこの人に話を聞いてみようというのが始まりでした。

初めて会った時に、どうやって事業を実現するかの話で「ビール会社が工程を公開して意見を聞きながらカスタマーも巻き込み一つのものを作りあげていくみたいに、クラウドファンディングで創り上げる期待感を利用者と共有していくのもいいね！」「まずは第一歩からということで今日の写真も撮っておこう！」と写真を撮ったりしました。

名刺の渡し方を教えてくれたのもノブさんです。ただ渡し方を教えてくれるのではありません。「○○さんという人が凄くカッコよい渡し方で、未だにその人はフルネームで覚えているほどの印象がある」「ＴＶで名刺の渡し方が凄くスピーディで洗練された政治家をみた。一瞬で印象に残るかが勝負だよ」と。それで私は「どんな名刺で、

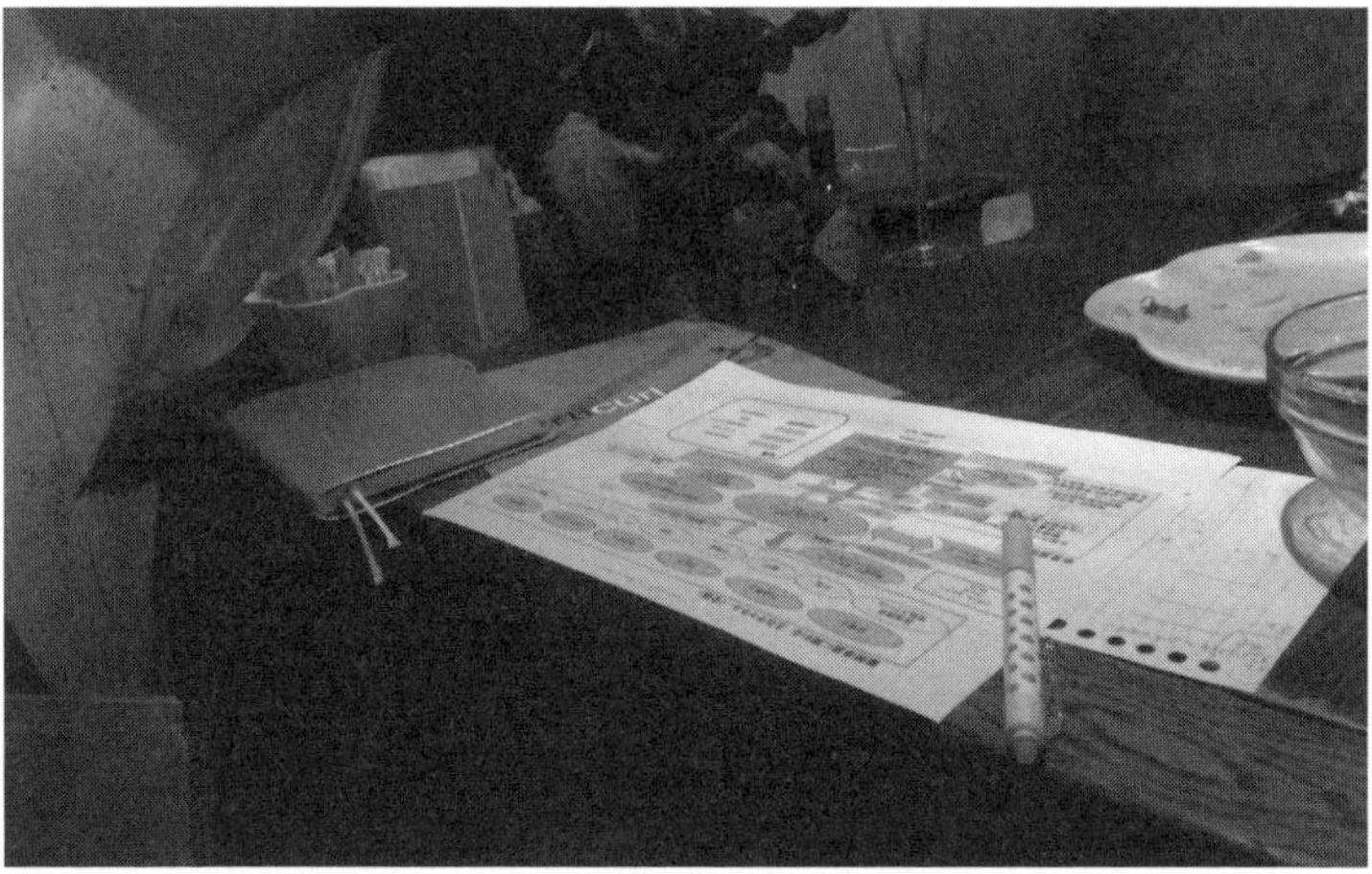

どうやって渡し、一瞬で覚えて貰えるか?」を学びました。
チャンスを逃さず、有効活用するために、名刺交換の30秒、1分で、この新しい事業をある程度誤解なく認識して頂けれるように心を配りました。だから名刺を渡す親指には「ボヌールリボン」ロゴが見えるようにいつもをしています。

ノブさん自身もいつか起業を志しており、とにかくたくさんの情報知識や人脈をもっていました。知識が豊富なので提案の幅が広いしこの人と話しているとどんどん智慧が沸いてきます。ノブさんに紹介して貰い、いろいろな起業家のイベントや勉強会に顔を出すようになりました。そこで人脈も広がるし、新しい知識も得られます。

ちょっと自分とは遠いかなと思うテーマの勉強会にでても必ず二つ三つは自分の引き出しにして帰るようにしました。

しかもノブさんは凄くポジティブです。私が「こんな状態じゃ、とても無理だよな」「どうしよう」と落ち込んでも、ノブさんに連絡すると、だいたい数分で論理的に引き上げてくれる。妙な説得力があります。

いつも新しい情報をアップデートしていて、常にビジネスの勉強をしています。ノブさんの考えは先進的でとてもスケールが大きいので、従来のやり方とは違うような私のやり方や、人に理解されづらい時なども最新情報で激励してくれたり、視点もグローバルなので日経テクノロジーのシリコンバレーの「スケーラブル」についての記事を送ってくれるなどします。

構想が大きすぎて人が離れた時も、

「孫さんだって、かつて創業時、豆腐屋さんのように一丁（兆）二丁（兆）とおカネを数えられるようになりたいと言ったら、三名中二名やめたとか言ってたよ」

とすかさず勇気づけてくれます。

＊＊＊＊＊＊＊＊＊＊＊＊＊＊＊＊＊＊＊＊＊＊＊＊＊＊

★ノブさんは「ハナが効く」人

亀ちゃんというイタリアンレストランのオーナーがいるんですが、亀ちゃんに有名アプリを販売しているＩＴベンチャー企業の代表の方を紹介してもらったことがあります。

事業計画を立てる上でシステムとアプリの市場の現状や動向、経営を維持するためのアドバイスなど大切な事をたくさんご教授頂いて、とても勉強になりました。

相場感やイメージが湧き、数字を知る事で作成中のシステムの数字的目標も明確になり、更に売り上げを立てるための新しい提案や智慧まで授かって、わくわくしていました。

亀ちゃんは私とノブさんの共通の知り合いでもあります。それである日、たまたまノブさんの住んでいる中目黒で会食だったのでノブさんも途中で合流しました。

私たちの隣りには数人の男性グループが食事をしていましたが、もちろん私はその方々の話が耳に入るような状態ではありません。

でもノブさんは違うんです。周りをよく見てるので、その隣の皆さんの話も耳に入っていて「この人たちは情報関連企業の、しかもトップの方」とピンときていたんですね。

それで、次のお店でも偶然にもその方々が私たちの隣になった時、その方達が「さっきのお店でも同じでしたよね！」と声をかけてくれたんです。その時もノブさんは顔を覚えているのでさっと対応してくれ話が弾みました。

ノブさんの想像した通り、その方々は某大企業の取締役だったり、大手広告代理店の子会社のCEOだったり……その場で名刺交換させて頂く事ができました。私は名刺の肩書きを見てもわかりませんが、ノブさんは、名刺で瞬時にこの中で誰がキーマンかわかるので、私にそれとなくアテンドしてくれて、得難い人脈が広がりもしました。

ノブさんはその時、まるで秘書のようでした。今も、なんでも相談に乗ってくれる「相談役」として応援してくれています。

亀ちゃんもまた、いろいろな方を繋げてくださるのでとても感謝しています。そして紹介していただいた方がまた他の方を繋げてくれて、その方もまた繋げてくれる。そのお陰でどんどん広がりました。

システム会社のSさんも元々亀ちゃんの上司でした。亀ちゃんの人柄でいろいろな方が集まってくるのでしょう。とても素敵なお店です。★

＊＊＊＊＊＊＊＊＊＊＊＊＊＊＊＊＊＊＊＊＊＊＊＊

＃経営者のあるべき姿を示して下さるKさん

Kさんも走り出しの頃に出会い、未熟な私の話をいつも親身に聞いてくださり応援してくれている一人です。大きな視野を持ち、具体的な例を用いて的確なアドバイス

をくれます。

Kさんは大きな企業の立派な経営者です。政治の世界を志していたこともあるからか、どなたにもとても誠実な対応で細やかな配慮ができる方でとても尊敬しています。

言葉使いや言い回しもきれいで適切で、更に経営者としての姿勢もたくさん教えて頂きました。話していると自分もそのような振る舞いに自然と倣うことができて勉強になります。

困っている方がいれば親身に、しかもきちんと細部まで配慮され相談にのる方です。出会った私があまりに未熟でつたなかったので放っておけなかったのでしょう。起業を志していることを知っていたKさんは　駆け出しの私に本をたくさん貸してくれました。お会いした時にごそごそ何か出そうとしているので「何だろう?」と思ったらたくさんの本でした。感動しました。

お花とかお菓子とかプレゼントが嬉しい時もあるけれど、私にはその時、本がとても嬉しかった。相手が今どういう状態で何を欲しているのか、自分のエゴで相手に何かするのではなく、いつも相手ありきで対応してくださります。サービスもそのように相手ありきで展開していきたいと思いました。

厳しい言葉を聞きたいときは

逆に厳しいことを言われたい時やバランスを取りたい時に相談に行ったりお話を聞きにいくのが治田さんです。

そのころクラウドファンディングのＦＡＡＶＯ横浜のことも知り、運営している関内イノベーションイニシアティブの治田さんのところにも訪ねていきました。

ビジネスの世界のイロハも知らずの飛び込みの私が自分のやりたいビジネスの話をどんどんしてしまいますから「なんだ、このコは？」とビックリされたかもしれません。「思い付きで軽々しくビジネスを立ち上げようとしていると思う人もいるかもしれないし、わかっていない未熟者と思われるから、いろいろなところで話をする時は気をつけるように」と教えて下さいました。

基準が厳しく本物になるまで生半可では認めてもらえない。治田さんのような厳しい方に認めてもらえるようになるまで頑張ろうと思い、開催予定の「ソーシャルビジネス・スタートアップ講座」を受けることを決めました。

そして「匙を投げられないように頑張ろう」そう思いながら今でも懸命に講座を受けています。

想いばかりが先行する私が走りすぎないように「何のためか？」「このままでいいのか」と「この事業を行う意味」「私が無理してやる必要があるの？　他にもいっぱい適任者がいるのでは？」と常に自身と向き合わせてくださる方です。

「厳しいのは本気で相手をしてくれているから」そう思い、私を心配して、厳しい意見をおっしゃってくださる方々にも日々感謝しています。

その他、女性起業家の交流会でも大切な出会いがたくさんあり起業を目指している女性とたくさん知り合い、励ましあい、どんどん世界が広がっていきました。

＃同じ夢を共に見てくれる人……創業前の右腕

Ｙさんにもとてもお世話になりました。
子育てが一段落して、コールセンターでパートを始めた時の同期でした。

講演会の帰り道、チーム作りの話を聞いて、この壮大な事業計画をどう達成していこうと思った時……「経営者って孤独なんだな」と知りました。
ノブさんも事業の成功の影には必ずナンバーツー、ナンバースリーがいて、チーム作りの初めはこのナンバーツーからと言っていました。私と理念を共有できる、支えてくださる「ナンバーツー」になってくれる人がいたらとってもありがたいなと思いました。

私にとってこの有能なナンバーツーはどこにいるのだろうか、事業が本当に意義のあるもので魅力的ならいつか現れるだろうか。

ノブさんの話にでてきたソニーの井深さんと盛田さん、ホンダの本田さん、藤沢さんのように……ＣＥＯとＣＯＯとして私の語る理想や情熱をかたちに表してくれる人。

同じ女性、同じ立場であり、私の足りない部分・管理能力を補ってくれる人。

頭の回転が早く正確な理解力があり、私にはっきり堂々と正確な意見が言える人。

それでいて物腰が柔らかく、落ち着いていて常に角のない言い方で伝えられる人。

何より同じ夢を共に見てくれる人。他にもBonheurの中で必要な要件を自分の中で決めていました。

そこで思い浮かんだのがＹさんでした。なんとなくあたりをつけて近況報告含めで私のやろうとしていることを話しました。

その時点では、私はまずはＳさんの会社に入って勉強を重ね、やがては独立してやっていく予定でした。独立に向けて、一緒に仕事をする仲間として、Ｓさんの会社の方

ではなく、私自身が見つけ出した、事業を共に展開してくれる「同志」を増やしても行きたかったのです。

Yさんはその第一号でした。

ちょうどYさんは二人目のお子さんが幼稚園に上がる前で、仕事はやめ専業主婦をしていました。

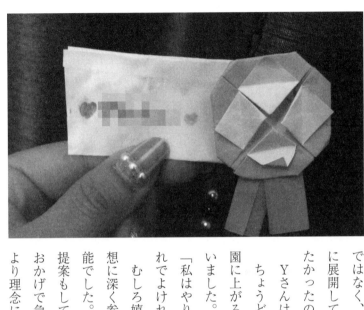

「私はやりはじめると入れ込んでしまう。それでよければ……」

むしろ嬉しい言葉でした。すぐに、私の構想に深く参加してくれて、その手腕たるは有能でした。どんどん先回りで管理や経営面の提案もしてくれるようになったのです。そのおかげで急スピードで進んでいきました。何より理念に共感し、同じ夢を見てくださる方

がいることが嬉しかった。

私がいつも夢を描く人間だとしたらYさんはとても現実的で、しっかり計画を立ててから動くタイプ。お互いの弱点を補いつつ、目標に向かって進めます。

しかも話し方も上手だし、ズバリと正論も言える。私がうっかり間違った方に向かったら、それを指摘してもくれます。

Yさんに加わってもらったことで、私にも、「もうここからは引けない」という覚悟が生まれました。

私が手書きで書けば資料にしてくれ、必要なことを先取りで代わりに調べ物をしてくれ、届いた資料はマーカーを引いて付箋を貼ってくれる。

彼女のお陰で私は安心して外に出て拡大していけました。

私の前に今後いくら光るキラ星が現れても、草創期を共にしたこの方を超える人はいないだろう。そう思いました。

今はご事情もありお手伝いしていただいてはいませんが、感謝の気持ちは今でも変わりません。

＊＊＊＊＊＊＊＊＊＊＊＊＊＊＊＊＊＊＊＊＊＊＊＊＊＊＊

★小さなレディからの心のこもったおもてなし
Yさん宅に最初に伺った時に娘さんが次ページの写真のような嬉しいお手紙をくれました。二回目に伺った時には名札をくれました。

私「さちょうさん」になってこの名札で登壇できるように頑張ろう！

そう思いました。

くじけていた時だったので「頑張ろう！」

「この気持ちを忘れずに宝物にしよう☆」と思いました。

そして人の心を打つのはこういう事なんだなあ、と感動しました。

私も今後、大切なお客様それぞれに「どんなおもてなしや心遣いができるだろう」と想い巡らせるだけでワクワクしました。

スタートアップで心もとない時の私を応援し助けてくださった彼女に心から感謝しています。★

＊＊＊＊＊＊＊＊＊＊＊＊＊＊

＃多くの方に支えられ、助けられながら前進する

他にも司法試験直前なのに、契約書を作ってくれる弁護士を目指している方や、仕事の合間にアドバイスを下さったり、親身に相談にのってくれる経営者の方々……。応援にアロマを作ってくれたり、進捗状況を気にかけて下さる同じ起業家卵の方々。今回創業を進める中でそんな多くの方々に支えられました。

ひとり親でも諦めず、支えて下さる周りの方々に感謝をしながら、大変な子育て環境の中でも夢に向かって諦めず成功する事で、いつか支えて下さる皆様方に恩返しをしたい……　そんな気持ちでした。

＃とにかく話す……マーケティング

更に新たな人脈づくりと並行して五月のゴールデンウィーク明けからは、治田さんのアドバイス通りまずFacebookのグループページを通して支援者を増やしていきま

した。元々友達は多い方で様々に活躍をする方達ばかりなので、近況報告含めで多くの友人に名刺をもって挨拶に回りはじめました。「Facebookなどでまずは支援者を大切にしてコミュニティを育んでいくことから始めるべき。地道な活動を端折らない」そう治田さんからもアドバイスをいただいていました。

少なくとも一日で二〜三人。多い時には十人近くの人に会いに行き、直接、私のやりたい事業内容や理念を説明しました。賛同してもらった人にはどんどんFacebookで応援してもらいました。お友達やその人たちが紹介してくれた方、協力してくれそうな事業主も回って、提携できそうな所を捜していったのです。五月から六月までで一ヶ月で八十人以上は集めていたと思います。

そこではただ応援者を集めるというよりは、話の反応を見つつ、足りないところや、直さなくてはいけないところを修正していきました。

何よりこの仕事を始めることになったら離婚をしたことから伝えるわけなので、できれば友人には自分の口から先に経緯を話しておきたい。そう思ってまず私自身の離婚の経緯を説明して、これからどんな事業をやりたいかについて語っていきました。

その当時、気になっていたのは新婚の友達でした。結婚式でも「タエの離活システム入るねー」と冗談交じりにあっけらかんと言える子もいれば、私の離婚の報告は受け入れてくれても、サービスの話で離婚、離婚と聞くと自分の幸せな気持ちが落ち込んでしまう子もいて申し訳ないことをしたなと思いました。

「Bonheur は幸せに焦点をあてていて、離婚を助長しているのではなくて、ただ純粋に離婚のリスクを守りたい」と語っても嫌な気持ちで想う一人がいることを知りました。

この経験が「離婚準備の支援事業」と「幸せな夫婦・家族を増やすための研究機関」を分けることに繋がります。「目の前の一人の女性（人）のためになる事業」というクレド（信条）が Bonheur の事業のサービス提供における理念・基準だからです。

そして男性に誤解されることが多くありました。「不幸を売る女」「別れさせ屋」と言われる度に「伝え方の工夫」をして軌道修正をしていきました。話す順番、使う言葉、印象がとても大切だと知りました。

DeNA・南場さんの講演　原点の日

五月に渋谷で開かれた『スタートベンチャーフェスティバル』に、ノブさんと参加することになりました。「南場さんてすごい方が基調講演だよ！　価値があるよ、一緒に行こう」と。

ベンチャー企業への転職を考えている社会人、就職を考えている就活生などに向けて、ベンチャー企業の最前線を走る経営者たちが集結する巨大なイベントです。パネリストとしてエニタイムズの角田さんもいらっしゃっていました。

以前交流会でお会いしたのを覚えていただいていて、嬉しかったです。

たくさんの学生さんが角田さんのところに並んでいて、どの人に対しても丁寧に、分け隔てなく接しているのが印象的でした。

待っている間も早く番が来ないかなと思うよりむしろ「丁寧で素晴らしいな」と思いました。嬉しそうに話す学生さんの様子が微笑ましかったです。

好きを仕事にしたい女性は、ぜひエニタイムズで副業をするといいだろうと思いました。私も登録しました。十年前私がまだ双子の育児をして、特技を持て余していた時にこのようなサービスがあればよかったなと思っています。

相談に来た方へ選択肢の一つとしてエニタイムズも紹介したいと思いました。


そして私にとって感動的だったのは、DeNA創業者の南場智子さんの基調講演を聴けたことです。

南場さんの言葉で、ずっと胸につかえていたモヤモヤがどんどん解消されていきました。

いずれ会社を設立したい、と動き出してはみたものの、何もわからず、結果的にいろいろな方の力を借りるしかなかったのが現実です。すると中には、「あなたは人の助けを借りようとしすぎている。他力本願じゃないか」と言われたりもして胸に引っかかっていました。

しかし南場さんの講演の中に「何が何でも達成させる人材に」という部分がありました。「自分ではなく『こと』に向かってください。目標達成にできないことがあったら『自力でできなきゃだめだ』と踏ん張るより、できる人を引っ張ってきて助けて貰う。恥をさらして補ってもらって達成する」

さらに、こんなこともおっしゃっていました。

「目標を達成しようと自分で腹落ちしたときに。それを達成できる人材であるか」「この目的・目標を達成するために、誰の力となにが必要か？　そして、どういう段取りでやっていけばいいんだろうと考えてアクションに移す」「大切なのは戦略や戦術を企画し、実行する力。そしてやっているうちに『間違ってたー』とか『やっぱり足りなかった』とかがわかってきたら、あれこれ工夫し軌道修正しながら、目標をなんだかんだいって達成してしまう、そういう力です」「自分の評価や成長のレビューは半期に一回でいい」とも。

その時私は、「そうだ『目的』さえぶれなければ困難にあたっても工夫でなにがなんでも乗り切る」「手段でなくて、本来の目的を他力本願でも何でもいいから、目的を何が何でも達成しよう。そのための工夫をしよう。人の力を借りなければ大きなことはできない」と思いました。

私は力不足で未熟です。それでも恥を捨て、達成したいことの声をあげることはできます。器が小さいのに構想があまりに大きすぎだからギャップに違和感を覚える人もいるかもしれません。

理念とかではなく、まずは数字や実績を求める人もいると思います。「理念が先か数字が先か」私は理念を達成させるための事業計画、数字や実績を後からつけていきたいと思います。

＃初速度

南場さんは「初速度」が大事とおっしゃっていました。

「最初にどれだけ強い意志とスピードをもって動けるかで決まる」そう解釈しました。「体温計がはじめの二〜三秒の熱の上がり方で、体温がどれくらいかわかるように、上がり方が大事。スタートアップの勢いで事業の将来は決まる」「モンスターだと思うくらいレベルの高い人たちの中に入っていくことが大事」と。

「女性起業家の中で、一番のモンスターは南場さんだ！」そう思った私は、「スピー

ド が大事。すぐ動く」というフレーズとあわせて、講演後すぐに名刺を渡せるよう手にスタンバイしました。

質疑応答でさらに、高校を中退された方が学歴の事を聞かれていました。自分がまだまだマイノリティで日本にいてもダメなのかな、海外にいくべきかと迷っている方でした。

南場さんの回答はこうでした。

「私があなたとランチをして、事業の話を語りあったとして、その後私が思い出すのはあなたの学歴だろうか？　形式的なものではなくて中身をわかってもらえる機会を作って、あなたに力があるなら一人二人とわかってくれる人がでてくる。その人達とやってみればいい」と。

私も経験、実績はありませんが、これから立ち上げようとする事業への思いだけは強烈に語れます。真剣に事業の事を語り合うのに学歴も経験やキャリア、実績ももはや超える時があると知りました。

そして最後に南場さんはこう締めくくられました。

「今日、ここにいる方たちが、あの日が原点になった、と思ってもらえる講演になれば嬉しいです」と。

「原点にするぞ」そう決意し、南場さんに名刺を渡しに行こうとしました。ノブさんはまたナイスな位置に立ってくれていて、壇上を下りた、すぐ横のところで立ち見をしていました。それで南場さんが壇上から降りていらっしゃったら、すぐ「ノブさん、荷物みてて‼」と言って、南場さんがはける時、人波にのまれる前にさっとすぐ後ろについて、まるで付き人のようにぴったりくっついていきました。

聴衆はたくさんいました。歩くと、みんな周りの人たちが左右に分かれて、南場さんが歩く道を作りました。

聖書で、モーゼの行く道で海が割れてスイスイと通れたみたいだーと思いながら、後ろにぴったりついていきました。南場さんは急いでいらっしゃいました。

それで、会場を出た瞬間に、「南場さん」と声をかけたのです。

私が名刺を渡そうとしたので驚かれていました。「マジか、マジか……」って。とても急いでいらしたので名刺をお渡ししようとしたら「私、今、名刺ないのよ」

「いいんです。私も名刺だけでも受け取ってください。私は、女性起業家としてキャリアも実績もまだないけれど創業をめざしています。頑張ります」と言うと受け取ってくださり「頑張れ、頑張れ！　頑張るんだよー！」と激励してくださり、さーっと控室に戻られました。一瞬の出来事でした。

その日、たまたま横浜球場のベイスターズにビールを卸しているクラフトビール会社の創業者のSさんに相談にのってもらう予定で、携帯でちょうど連絡を取っていたので、

「私、いま南場さんに名刺をお渡しできて、御言葉と激励をいただきました！」

と伝えると

「南場さんちょうど、この間、ウチの店にビールを飲みに来てくれたことあるよー」

と返ってきました。

いろいろなところで縁が繋がっている気がして嬉しかったです。

ノブさんに「いつかまた南場さんにお会いできる日を夢みる。原点にする！」と、ワクワクしながら言うと、「あ、まるで無名時代の孫さんみたいだ」とまたワクワクする話をしてくれました。

ノブさんは、経営や歴史のエピソードをいっぱい知っていて、よく状況に即して教えてくれるのです。

ソフトバンクの孫さんが、まだ高校生のころのこと。日本マクドナルドの藤田さんが書いた著書に感動して、どうしても藤田さんに会いたくなったそうです。

それで「会いたい」と電話しても、単なる高校生が大企業の創業者に会いたいといったって、無理に決まっている。秘書だってとりあってくれない。

そこで意を決してアポイントもなしに、直接、九州から東京まで飛行機に乗って、会いに行ってしまったんですね。

それで、秘書に「あなたではなく、藤田さんご本人が拒絶されるなら諦めます」と言ったところ、ご本人が面会をＯＫしてくれた。その上、「これからはコンピュータビジネスの時代だ。私がキミの年だったら、絶対にコンピュータをやる」とアドバイスまでしてくれた、と。

そして再会して「キミはあの時の青年か」となるのです。

むしろ壮大なエピソードにファイトが湧きました。よーし、私も頑張ろうって。

だから私は、こうと決めた相手には、無理だ、と引いたりしないで、向かっていくつもりです。

実はその後も一度、南場さんと間接的に縁があります。

ソーシャルレンディングの説明会に参加しようと、ノブさんと待ち合わせをしていた時のことでした。するとノブさんからＬＩＮＥが来て「今、渋谷の歩道橋渡ったら南場さんに会った」というのです。「ノブさんと渋谷で待ち合わせればよかった！」と思いました。ニアミスです。

「五月の講演、とても素晴らしかったです」と声をかけたそうで、

「さすがノブさん、ちゃんと僕の友人が名刺渡したんですよって言った？」なんてふざけて聞いたらそれはさすがに言っていませんでした。

ノブさんは記憶力にも非常に優れていますので「だいたいノブさんは私の軌跡を初期からみてるから、将来いつの日か本を書くことになったら覚えておいてね！」なんて冗談でお願いしたけれどこんなに早く本当に本を書くことになるとは思っていませんでした。

＃子どもと仕事との葛藤の狭間

私は起業家である前に二児の母親です。順調なことばかりではなく、反抗期で思春期の子どもたちのことでは今でもよく悩まされます。そして仕事とこどものバランスは日々自問自答しています。

ちょうどシステム会社Sさんに送る大事なデータを作るために、Yさん宅で打ち合わせをしている最中でした。携帯電話が鳴って、出ると息子からでした。兄弟でケンカして、片方が頭から血を流している、救急車を呼んだほうがいいか。というのです。

もう心臓が止まるかと思いました。でも私が動揺したらYさんが不安に思ってしまう。すぐに救急車を呼ばせて、飛んで帰りました。できるだけすぐ家に帰れる距離で打ち合わせをするように心がけていたのですが、それでも二十分はかかりました。

「もうこれでは都内にすらいけない」と思いました。ちょうど南場さんの基調講演の前で、「渋谷に長時間行くのは無理だ。行けないかもしれない」と諦めかけました。

「私、なにをやっているんだろう。これがやりたかったことなのか。大切なのは何よりもこどもではないのか？　やはり当初の予定通り子どもに集中すべきか」

「起業なんてやってる場合ではないのではないか？　立ち上げたら責任が発生する。人を巻き込んで事業をやるには覚悟がいる。人に迷惑をかける前にやめたほうがいいか」

　帰宅すると子どものケガは大したことはなかったものの、悩みました。それと同時に「フルタイムで働くママはきっと誰も同じように大変な思いを抱えて働くのだろう」そう思いました。

　業務に戻る迄の間、Ｙさんが作業を進めていてくれていました。そうして、私が少し落ち着いたのを見計らって、こちらに「仕事のバトン」を渡し返してくれました。感動でした。私が止まっていても動いていてくれたのが、とてもありがたかった。同じ理念と目的に向かって進んでくれる人がいて、立ちはだかるあまりにも膨大な量の仕事を前に怖じ気づきそうな私を支えてくれる。

不測な事態に仕事を滞りなく進めてくれる……。彼女の存在が私を強くしてくれました。今まで応援してくれたたくさんの人の存在があるから私はもう止まれないし止まらない。そう思いました。

＊＊＊＊＊＊＊＊＊＊＊＊＊＊＊＊＊＊＊＊＊

★常に等身大で親しみやすく、共に悩める人に

立派に成熟した人格者でないと経営者になれない。家庭においても模範的でなければならない……、そう思っていました。

しかしどんな経営者も一人の人間です。このことがきっかけで働くお母さんは、誰もがみんな、こういう思いを抱いてるのだろう、それはフルタイム労働でも経営者でも同じだろう、と気づきました。特にシングルマザーはそうです。たとえ子どものことがどれだけ心配でも、仕事はやめられません。子育てとともに、生活費も稼がなくてはいけないから。子どもを置いて外に出る不安を拭い子どもと母親が安心して生活ができるような支援が必要だし、そういう支援

があることも伝えていきたいと思いました。

　共同生活もその一つです。シェアハウスやコレクティブハウスなど、住まい方もそれぞれだし、地域で子どもを育てようとしているソーシャルビジネス事業者もたくさんいます。子ども食堂ももっと増えてほしいなと思います。


　今でも常に、子どもたちとただ平凡に楽しくに暮らしたい葛藤があります。無理せず週四日のパートを頑張り、勉強して空いた時間をうんと子どもに使ってあげたい。申し訳なさ、もどかしさ、理解を示してくれる子どもへの感謝の気持ち。むしろ様々な気持ちを感じながら進むべきなんだと思っています。

「仕事はいつでもできるけれど子どもの時間は待ってくれない」とおっしゃる方もいます。

　勝手な使命感を持たないようにして、私でなくてもこの事業はなりたつのでは？　という謙虚さも忘れず、「何のためか？」をこれからもずっとその状況に応じて自問自答しながら、向き合いながら、前に進んでいくことが必要だと思っています。

おろそかになりがちな家事と反抗期の子どもと毎日真剣に向き合いながら、自分のたりない所や甘い所、なおしたい所に向き合いながら、等身大の主婦と同じ目線を見続ける起業家でありたいと思いました。子どもたちに対してはPCで作業しながら同時にボードゲームの相手になったり、できるだけ家で作業するようにしています。

母に構ってほしくて反抗するのもわかっています。毎日家庭内で何があっても、外では毅然と振る舞わなくてはいけないのは男女変わらず皆同じだと思っています。

私は子どもたちを信じています。今はわからなくても、いつか大きくなった時にわかってくれるように、創業時の母の気持ちを、そして「あなたたちが常に大切で大好きだよ」という気持ちを、いつかこの本を読んだ子どもたちにも届くと良いと思っています。★

＊＊＊＊＊＊＊＊＊＊＊＊＊＊＊＊＊＊＊＊＊＊＊＊＊

＃必要スキルを備える　あえて専門性に特化しない

エクセルが出来るようにパソコン教室にも通い始めたり、心理カウンセラーの資格を取ったり、ひとり親サポートやシングルマザー協会に行ってお話しを聞いたりもしました。

まだまだ勉強不足ですが、背伸びせず……しっかり自分の足元をみて、等身大の私でコツコツ地道にがんばろうと思っています。

スキルを磨いても、自分が既存の離婚ビジネスの相談業務の専門家として特化することはせず、優れた専門家の皆さまをお繋ぎし、良いサービスを伝えるための中間組織としての役割に徹していきたいと思っています。

行政書士や弁護士でないからこそ、離婚カウンセラーとして事業を興していなかったからこそ、公正そして客観的にサービスを繋げられるのではと思っています。

Ⅸ

Social enterprise

～ソーシャルビジネス事業者として～

*Bonheur

#Sさんの会社には入らない

六月になって、軌道修正がありました。

Sさんの会社に入り、それから会社設立に向かうつもりでいましたが、再度細かく検討していくと「この状況で創業するのは無謀すぎる」と思い辞退しました。

経営者としても勉強が足りなすぎる上、SNSアプリシステムを計画通りに作成して、本当に収支が取れるか。金銭的にも無理がありました。

資本力があれば別ですが、いきなりシステムを組むという計画はひとまず置いて、もう一度足元を見直して、自分が何をやりたいのか、もっと深く掘り下げていかなくてはいけないと感じたのです。

＊＊＊＊＊＊＊＊＊＊＊＊＊＊＊＊＊＊＊＊＊＊＊＊＊＊＊＊＊＊

★大きな決断の基準

ブレずに考えるようにしているのが、この事業は何のため？　何を達成させたいか？　という根っこの部分だと思っています。

どう達成するのか誰と達成するのかは一つ一つがとても大切ですが、それは手段でしかないと思っています。

目の前のことにとらわれすぎず、時に遠回りでも根本に添って判断する限りどの選択をしても後悔はありません。

信念通りに選んだら、あとは例え失敗だとしてもその失敗をもポジティブに、プラスに捉えて変換すれば結果失敗ではないと思っています。

道が閉ざされそうな状況下で決断する時、私はいつも「この事業が本当に社会的意義があって社会に必要とされ、人の心を打つものであるなら必ず道は拓けるはず」と考えるようにしています。

信念に従って判断をした結果、道が拓かなければ、その事業が必要とされていないか、人の心を打つ力がないと考えて、地道に勉強しながら生きようと考えるようにしています。必要とされず、目の前の一人の「女性」「人」のためにならないのであれば、自分の叶えたい目的は、ただのエゴになってしまうと思っています。

失敗しても成功しても、挑戦させて頂いていることがとてもありがたく幸せなので失敗しても後悔はありません。

今回はとても大きな決断をしましたが、時には勇気ある撤退も必要だと学びました。

でもそのおかげで一つ不安材料が減り、また二つ、三つも道が拓けてきて心は晴れ晴れとしています。★

****

＃ソーシャルビジネス・スタートアップ講座に参加

横浜市には幸い私のような起業を目指す人のために様々なサポートをしてくれる中間支援組織やシェアオフィスがあります。（公財）横浜企業経営支援財団・ＩＤＥＣ

のシェアオフィスで現在在籍中のF―SUSよこはま、関内イノベーションイニシアティブ（株）の関内フューチャーセンターmass×mass、NPO法人横浜コミュニティデザイン・ラボのさくらWORKSなど、各所に素晴らしい場所があります。

平成28年6月『ソーシャルビジネス・スタートアップ講座』を受講することになりました。

この講座は、治田さんの経営する関内イノベーションイニシアティブ（株）が、ソーシャルビジネス・起業家支援に関する事業として行なっているものです。

座学がメインで、各講座に専門性を持った講師、ソーシャルビジネスを実践されている講師などがお話しされます。ここで多くのことを学び、同期となった色々なメンバーと出会い、私に、また新しい目を開かせてくれました。

メンバーの目指す方向性も各人各様で、私同様、起業を考えている人もいれば、すでに起業している人、向学のために出席している人、ソーシャルビジネス関連企業につとめている人、遠く山梨から来ている人もいました。私はそんな参加者の皆さんを「御学友」と呼んでいます。

#ソーシャルビジネス・社会的企業を目指して

最初の講座が「ソーシャルビジネスとは？」でした。これは、私にとってピッタリのテーマでした。社会的問題を解決するために起業して、社会のためになりながら収益もあげていくという課題は、私がもっとも取り組みたい、重大な課題だからです。

『では「ソーシャルビジネスとはなにか？」この講座で学んだことを引用していきます。

ソーシャルビジネスとは「地域社会においては、環境保護、高齢者・障がい者の介護・福祉から、子育て支援、まちづくり、観光等に至るまで、多種多様な社会課題が顕在化しつつあります。このような地域社会の課題解決に向けて、住民、NPO、企業など、様々な主体が協力しながらビジネスの手法を活用して取り組むのが、ソーシャルビジネス（SB）／コミュニティビジネス（CB）です」（経済産業省ホームページより）

社会的企業（cont）とは…… 英国貿易産業省（ＤＴＩ）（二〇〇二）
社会的企業とは、第一に社会的目的をもた事業主体であり、その余剰金は主として事業体もしくはコミュニティの目的に再投資されるものであり、株主や所有者の利益の最大化のニーズによって突き動かされたものではない。

(Social enterprise)
経済協力開発機構（ＯＥＣＤ）（二〇〇九）
社会的企業は、一般に、社会的および経済的目的の双方を満たすような革新的なビジネスモデルとして理解され、それは労働市場の統合、社会的包摂および経済的発展に貢献するものである。社会的企業は、ソーシャルイノベーションを達成するための手段である。』

＃ソーシャルイノベーション

そして、ソーシャルイノベーションとはなにか。六月十八日のソーシャルビジネス

講座（中島講師）から教わった文を引用すると、

〈『NESTA～提供方法の革新性』（二〇〇九）抜粋〉

伝統的な市場の形態では対象とならないような公共サービスでは満たされないか解決されないような社会的ニーズを満たすイノベーション。

・イノベーション（革新）

新しい方法、アイデア、生産物を取り入れることによりすでにあるものに変革をもたらすこと。

・ソーシャルイノベーション

新しい生産（提供）方法や資源の活用によって（新しい）社会的なニーズに対してこれまでとは異なる革新的な方法によって応えること。

・ふたつのイノベーション

何らかの理由により満たされない社会的なニーズに対して、これまでにないモノやサービスや新しい方法で提供する、モノやサービス、あるいはその提供方法の革新性です。

＃横浜発ソーシャルビジネス事業者として

未婚の方も結婚したら必ず離別のリスクはついてきます。

離婚だけでなく死別の可能性もあります。女性を離婚のリスクから守るために、女性全体を対象とし、離婚の高まり別に五つに切り分けました。（初期に作成した資料なのでその段階・ステージごとには私の目指すSNSの会員種別があてはまるようになっています）

離婚の高まり別に五つに分けた図では、既存の離婚ビジネスの領域はステージCとBの一部、つまり離婚を意識していてニーズの顕在化のあるところにしか対応していないのがわかると思います。

主なサービスの提供者は、弁護士・行政書士・離婚カウンセラー・探偵などです。

それ以外は未開拓の領域、つまり離婚ビジネスでは本来当てはまらず、ニーズの顕在化がありません。

図１　離婚ビジネス市場における　離婚の高まり別に分けた女性

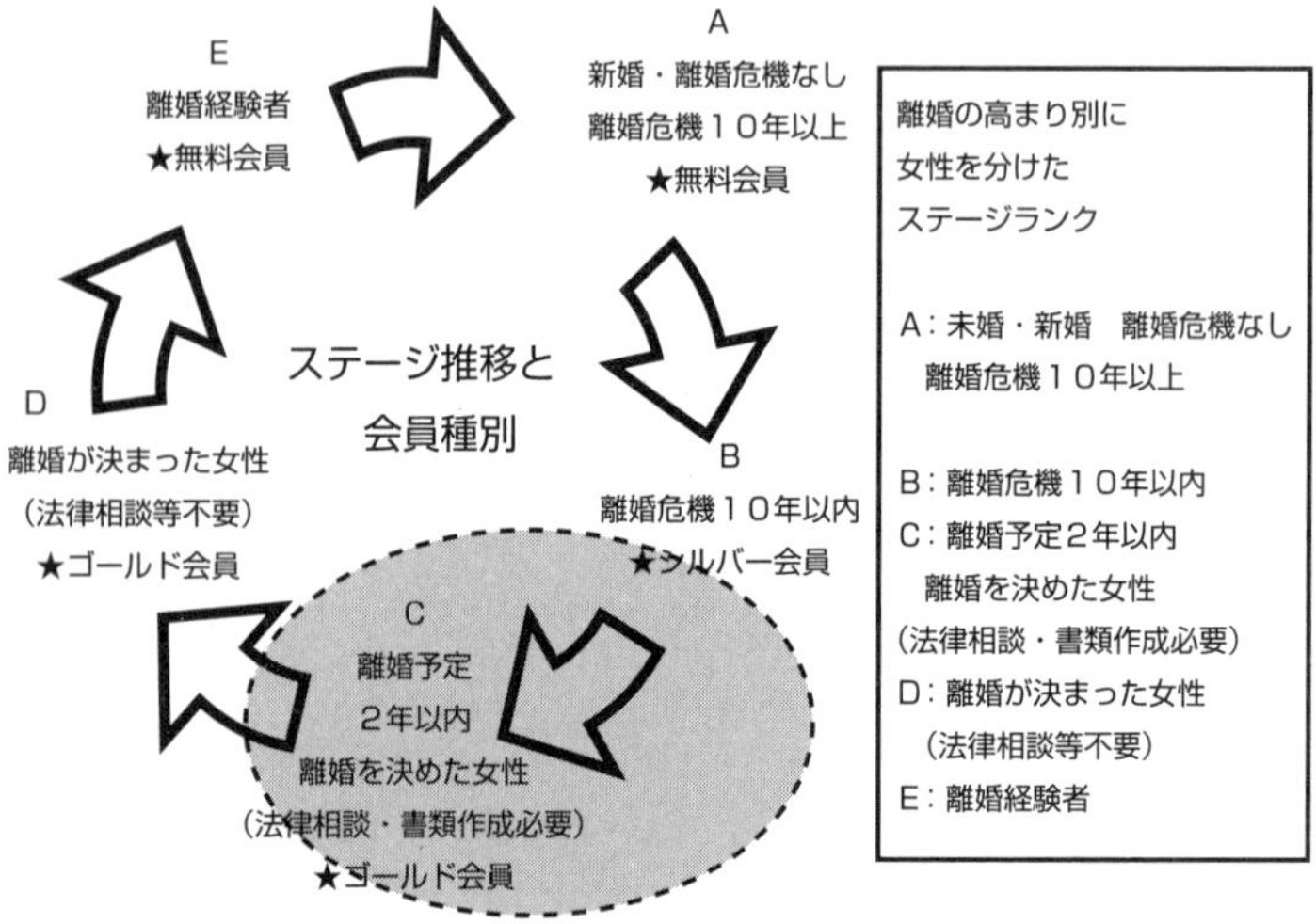

既存の離婚ビジネスの領域・・CとBの一部　ニーズの顕在化あり
<サービスの提供者>　弁護士・行政書士・離婚カウンセラー　探偵
未開拓の領域　　　　・・CとBの一部以外　ニーズの顕在化なし
離婚危機に気付いていないが支援が必要　　ニーズはあってもサービスがない
<ボヌールのサービス提供領域>

サービス対象
A　La#Bonheur　BC　Re 婚相談所　D　離婚準備支援協会　E　離婚準備支援協会／La#Bonheur
★★離婚ビジネスとして、A～E全ての女性の離婚危機を守り包括的に支援するのは本事業のみ★★

特にモラハラ・DVの予防と早期発見に必要なAへのアプローチは、既存の行政サービスでも提供が難しい領域とされており、社会的意義が非常に大きい。

又、既存離婚ビジネスのサービスを支える、弁護士・行政書士・離婚カウンセラーも、競合他社として捉えるのではなく、この事業のサービスの中に組み込まれたサービス提供対象者として捉え、提携先として離婚に悩む女性達と繋げていく為、実質的な競合他社はいない。

ニーズの顕在化の為、備えとしての「離活」という概念の普及と必要性、社会的意義を、想定されるもしもの時のリスクを交えながら訴え、その為のもしもの時の「おまもり」として保持する必要性を説く。

しかし離婚によるリスクを守るという、このRe婚ビジネスではA〜Eどのステージも支援の対象となります。

未開拓の領域は、気付いていないが支援が必要です。もしくはニーズはあってもサービスがない状態です。特にAが危険で自分は離婚するつもりはなくて、相談するつもりがないまま問題を放置していると、私のように劣悪な環境下に置かれたままになるし、一方的に離婚を迫られた場合は突然のことで衝撃が大きく、取り返しのつかないことに後悔することになるかもしれないからです。

夫婦関係は、早期的に繰り返し、意識づけや見直し、向き合い、向上することが離婚のリスクを守ることに繋がります。常に「未来の自分が輝くために、今私ができること」をして夫婦関係・家族関係の向上に何らかでも取り組む努力をした上なら、結果を素直に受け入れることができるはずです。

特にモラハラ・DVの予防と早期発見に必要なAへの支援は、既存の行政サービスでも提供できない領域であり社会的意義が非常に大きいところがあります。

これまで、なかなか踏み込めなかった領域に踏み込み支援ができるのが本事業の新規性です。

また、既存離婚ビジネスのサービスを支える、弁護士・行政書士・離婚カウンセラーも、競合他社として捉えるのではなく、この事業のサービスの中に組み込まれた専門的サービスの提供対象者として捉え、提携先として離婚に悩む方達と繋げていきます。

中間組織としての意義がそこにあります。

ニーズの顕在化のため、「備えとしての自立」「離婚に至らせないためのRe活」という概念の普及と「結婚生活を向上させるための努力の必要性」を、想定されるもしもの時のリスクを交えながら訴え、そのときのためのもしもの時の「おまもり」として保持する必要性を説きます。


まさに本事業で伝統的な市場の形態では対象とならないような、公共サービスでは満たされずに解決されないような社会的ニーズを満たすイノベーションを起こしていきたいと思っています。

＃まだあまり知られていない、たくさんの良いサービス・専門家を紹介したい

この仕事を始めるようになってから実に様々なサービスがあったり、専門家がいることを知りました。しかしせっかく良いサービスがあっても個人でやっていると情報が届きづらい、だから情報集約をしたハブ・プラットフォームになりたい、と思うようになりました。

離婚ビジネスは専門性を備えた個人で相談にのる形しか成り立たないのではという難しい課題もありますが、個々に繋がりチームでサポートすることで底知れない力になるのではと思っています。

＃対応をはじめて……

そしてビジネスの構想をブラッシュアップさせながら並行で実際に悩んでいる方ともお話させて頂き、勉強しながらサービスづくりを対応させて頂いた方には、離婚する・しな

いに関係なくその方の「幸せ」を心より想い関わってきました。

離婚が決まったとか、思いとどまったとか結果が出ることではなくて、次に会った時にその方が笑顔になっていく様子が何より嬉しいとそう感じました。

＃「離婚」を「Re婚」に

ソーシャルビジネス・スタートアップ講座で得た情報や参加者の仲間からのアドバイスなどで、私の持っていた構想は更にブラッシュアップされていきました。

株式会社と一般社団法人を作ることとしました。

それは、離婚にだけ特化させたビジネスだと私の考える離婚からのリスクは守れない。ＳＮＳやアプリとRe婚相談所とを併存させ、連動させていくためには、一方を株式会社することで、いずれは融資やＶＣ（ベンチャーキャピタル）を入れるようにする、あるいは大手企業でＳＮＳに興味のある会社と業務提携し、さらに離婚を決めた方に対しては専門性が必要になるため、もう一方を社団法人にした方がスムーズにいくと考えました。

また、SNSやアプリを主体として、ビジネスをスタートすることが困難だな、とわかってきました。まずは相談業務を柱にして、ある程度体力がついたところでSNSにも力を注ぐ方が良いと判断しました。

次々とやるべきことのアイデアが浮かんできました。

その中で、特に私の中で画期的だったのが、「離婚」ではなく、「Re婚」という言葉が誕生したことでしょう。

「離婚相談所」と聞くと、どうもイメージは暗いし、まるで離婚を助長しているように思われがちです。これが私にはずっとマイナスだと感じていました。どうしても離婚しなくてはならないケースもあるとしても、あくまでも離婚については、その女性の幸せを考えた結果です。中には思いとどまって、またやり直した方が良いご夫婦もいるでしょうし、別れさせたいわけではありません。

「離活」にしてもそうです。この言葉を使うと、いかにも離婚を前提としてのその準備になってしまう。なにかイメージを変える工夫はないか、試行錯誤していたのです。

そんな中、講座を受けている最中、ふと「離」という文字を、「Re」に変えること

Reduce（原料）

・毎年 25 万組の離婚の**痛みによる経済損失軽減**。
・日本人は痛みによる経済損失が大きい。
・**劣悪でストレスの多い婚姻生活**や、**離婚**は辛く苦痛。
・私自身、ストレスにより顎関節症や様々な病気を発症。
・痛みや病気に伴う経済損失を考えるなら、離婚により 25 万組が感じる予定の辛い痛みをケアするべき。
・「離（Re）活」でその膨大な離婚作業を簡略化し、前向きな新生活への転換を促す事の意義は大きい。

Remarry（再婚）　Return（再来）

・**婚活市場の活性化と結婚率や再婚率増加による出生率の増加。**
・4分の1は再婚。
・10 人離婚した男性の7人、女性は6人が再婚。
・経済的に余裕があり、かつ恋愛力の高い男性は早く市場から消えるが、
離婚によりさらに思いやりや経験を備え
次こそうまくいくパートナーを捜しに婚活市場に戻ってくる有望な市場価値。
・「再婚活」のニーズが上がり婚活市場が活性化する。
・離活が進めば**結婚のハードルも下がり結婚率も上がる**。経済的に余裕がなく結婚を重く捉え、結婚＝不自由と考えている独身男性の結婚へのハードルを下げる。
・最高裁が「１００日を超えて再婚を禁じるのは憲法違反」と下したことにより再婚禁止期間や再婚後の戸籍問題を理由に再婚相手との子作りを控えていた女性が、まだ子を産めるうちに**再婚後出産**する見込みも増えている。
・又不妊に悩み**不妊治療に非協力の夫と別れたい**と思いつつも離婚に踏み切れない女性が**出産可能なうちに新たなパートナー**と子を作る契機にもなる。

Review　Reserrch　Recover
（見直し）　（模索）　（再始）

Renovation（修復）

・いつしかお互い思いやりを忘れ、横柄な態度をとってきたような夫婦も離婚を意識することで相手への接し方を見直す為、夫婦生活を早期改善、そして修復する契機ともなる。
・むしろ予防策の側面も持つ。

Recycle　Revival　Restart
（再循環）　（再生）　（再始）

・健全に機能していない　経済的生産性の低い世帯が消失。
　→新たな生産性の高い世帯へ　再生の可能性。

・質のいい婚姻生活を残し、劣悪な婚姻生活を終了。
　→新たな質のいい婚姻生活へと変換する原動力となる。
幸福度と国内総生産の両方を上げる事が見込まれる有望な事業。

Real（現実）

・離婚の９割が協議離婚　内容グレー。
・調べればわかる法律知識より夫婦のリアルな実体験に価値がある。
（判例以外　準備から離婚した後まで追いかける離婚経験談のデータ化はおそらくまだなし）
・離婚したあとそれでどうなるのか？
・不明瞭な部分を明確に状況別のデータ化・レインズのような仕組み。

Relation　（繋がり…）

・SNS の意義
・孤立感孤独感が強いと幸福度が低いとしている。
・同じような家庭問題や悩みを持つ人達との繋がりを提供する事は有効である。
・離婚は各環境や状況によって人それぞれ全く悩みが異なる為近くに話を聞ける機会が少ない。
・全国的な SNS で自分と状況、環境の似た人や離婚経験者を検索し繋がれる事は特に意義深い。

を思いつき、隣の席の御学友と「Re」のつく言葉を書き出していきました。

「Review」（見直し）「Recover」（回復）「Renovation」（修復）「Return」（回帰）Reset Reup……。

となると、「離婚」でなく「Re婚」、つまり、「離活」でなく「Re活」としたら、私が思い描いている方向性が、より鮮明に見えてくるのではないか？


「離」を「Re」に変える発想は、とても重要なことでした。

「Re」に変えることでようやく私の想いや事業内容を表せるようになりました。

「離婚シェルジュ」を「Re婚シェルジュ」としました。

＃夢を描く、めざしの土光さん

ＩＤＥＣが主催する「創業セミナー」にも通いました。

一回目のテーマは事業計画作りでした。

はじめに「なんでも思う通りのシステム」という言葉から、すべてのニーズを満たせるようなモデルを考えていたので、そもそも構想が大きく、さらに、構想を練っている間にもっと広がり、Ｓさんの会社と離れたことでさらに選択肢が広がっていました。

毎日どんどん夢が膨らんで、それに向かって道がどんどん拓かれて進んでいく……無駄な日などはなく毎日、全てが勉強でした。

上り調子の日々もあれば、勿論夢ばかりみるのではなく生きていくのは厳しい現実で 多くの先輩の話からは目から鱗の連続で、時には厳しく自分の本質を見抜いたり助言を下さり、大切な事に気付かせて頂きました。

一方に偏らないように、足元をしっかりみるようにもしました。

「創業したら、夢をみている暇もなくなるから、今のうちに大風呂敷を広げておくんだ。そして未来のキャッシュポイントとなる可能性を今のうちに増やしておく……」

経営者の先輩から多くのアドバイスを頂き、事業を継続する難しさ、シビアな数字、集客、マーケティング、戦略、まだまだ未熟な自分自身の本質的な問題など、見つめることの大切さも同時に教わりました。

そんな夢と現実の狭間で……葛藤しながら事業計画を立てる私が心をぐっと掴まれた名言がありました。かつて東芝や石川島播磨の再建に尽くして、国鉄民営化でも活躍されました土光敏夫（どこうとしお）さんの名言です。

「計画とは将来への意思である。将来への意思は、現在から飛躍し、無理があり、現実不可能に見えるものでなくてはならない。現在の延長上にあり、合理的であり、現実可能な計画はむしろ『予定』と呼ぶべきだろう」

「将来の意思としての計画は、困難を受け入れ、困難に挑み、困難に打ち勝つモチーフを自らのうちに持たなければならない」

挫けても足踏みしても遠回りしてでも決して諦めなければ、本当に必要とされている価値のあるものなら日の目をみるはず。

そんな少し落ち着いた気持ちで目の前の事に取り組もう。そう思いました。

#めざしの土光さんに倣い「もやし会議」

御学友と、もやしを食べながらみんなでミーティングをする「もやし会議」を始めていました。中華料理店で提供される一品なのですが、ＮＰＯ法人横浜コミュニティデザイン・ラボの杉浦理事も絶賛しており、同ＮＰＯのイベント終了後などに地域イノベーターを集めてこのもやしを食べているとのことです。横浜のイノベーターはここのもやしを食べて社会変革をしていると言っても過言ではありません。

贅沢なものを食べる必要はないとの思いで、質素にもやしをたべながら、「夢」をどう現実にするか語り合うのが目的です。メザシを食べて質素な暮らしをして、日本を再生する大きな仕事を次々にやった「メザシの土光さん」を目指し、私たちもそれにならったわけです。

第一回目のRe婚シェルジュミーティング終了後にも皆さんともやしを食べに行き、「もやし女子会」となりました。

#「もやし会議」の次は「ピザ会議」

Reコンシェルジュミーティング二回目を行いました。その際に、付録について意見を頂きました。終了後に行ったイタリアンのお店でお腹をみたしながらこのコンテンツの名前を考えていたときのことです。参加者の一人が「ピザ！」と言ったことから付録の円満ピザチェックができました。

イタリアンでなければコンテンツ名がハッピーサークルとかボヌールリングとかになりそうでした。

＃テクニカルマネージャー（TM）

ご学友の中に横浜でのまちづくりエージェントとして任意団体を作って活動しているSBC.のSさんがいました。正義感が強くミステリアスで面白く、様々な方の各種相談にのっており、困っている人にとても優しく手が差し伸べられる人です。私は中間プレゼンでパワーポイントを使うのも初めてで、なかなか思うようにできませんでした。ギリギリまで資料の差し替えを作っていた私に、昼休み返上でよりそってくれるような方です。

活動の幅や繋がりが広く、私の事業にも共感頂いて、今ではテクニカル系のことや事務管理など、SBC.のメンバー含め皆さんにお手伝い頂いております。

また、私の子どもたちとも遊んでくれ、私が仕事をしている間にＢＢＱに連れて行ってくれたりと非常に助かるテクニカルマネージャーです。

ビジネス講座では七月下旬に中間プレゼンをして、最終日の八月六日に卒業プレゼンです。自分がこれからどんな事業を展開していきたいかを一人につき四分で発表していきました。

＃イノベーションスクラム

卒業プレゼンが終わった後、すぐに私は「イノベーションスクラム」というプログラムに採択して頂くことになりました。

これは実際にソーシャルビジネス事業を行っている事業者が対象で、スタートアップ講座より「実戦的」なものになります。座学やグループワークなどの講義の後、中間発表を経てプロのボランティア（プロボノ）と各事業者をマッチングさせ、スクラムを組んで課題の達成していくという約半年間のプログラムです。プログラム中は有識者のメンタリングも付きます。

このプログラムに参加する事により、具体的に事業のビジョンや課題点が浮き彫りになり、改善点が見えてきて、ブラッシュアップに役立ちました。

たとえば人材育成ということを考えた場合、同じフレーズで事業を説明できることが大事であると意識しました。

Re婚シェルジュの皆さんが一分紹介の時に事業をどのように表現するのか、人にRe婚シェルジュをどのように説明するのか?

誤解のないように共通認識で動かなくてはなりません。

ちょうど九月末から「Re婚シェルジュ」を創っていくために対象者やアドバイザーを集めており、十三名でスタートしていました。私の持っている理念を「Re婚シェルジュ」の皆さんに今後伝えるためにはどうしたら良いかと考えていかねばならなかったのです。

#十一月二十二日（いい夫婦の日）にプレオープンする想い

十一月二十二日にプレオープンしようと決めたのは、十一月二十二日とはすなわち「いい夫婦の日」だからです。「Re婚事業」を立ち上げるのに、こんなに相応しい日はないからです。「五年後十年後いい夫婦が増えていますように……」と願いを込めています。

また翌日が必ず祝日のため、二十二日に離婚準備支援協会の実働報告会をして翌日は家族祭りや夫婦円満のためのイベントをするのに相応しかったからです。

#なぜ本を書くことになったか？

日頃、事業の内容について説明する時、構想が大きいうえに概念の説明が難しくうまく伝わらないことがよくありました。誤解されないように伝える必要があります。説明は難しいけれど、誤解されずに把握して貰いたい。また、子どもたちや元夫がおもしろおかしく詮索されないように先に書くことも必要だと思っていました。

また、既存の離婚ビジネス事業者からみて、競合他社とみなされたくありませんでした。むしろ智慧を結集し、離婚ビジネス事業者様へ相談者をつなげていく役割を担いたい旨も提示したいと思いました。

そのような時に本の出版のお話を頂きました。

そしてシステム作成に向けて私一人ではできない構想を短期間で叶えるためには、理念に共感して一緒に目指していける方を探すために声を上げることが必要だと思いました。ビジネスモデルを公開することで「真似されるのでは？」という懸念より、オープンに公開して超党派で技や知識や資金などの資源を集めて、スピードをもって達成したいと思っています。

まさにソーシャルビジネス事業者に必要とされているコレクティブインパクトで取り組むべき課題であると感じ、声をあげてみようと思いました。

もし私が未熟で経営の素質がなければ、優れた方に会社とアイデアをお譲りしても良いとすら思っています。

しかしながら、プレスリリースの件で新聞記者の友人と会った時に、

「本って普通成功者が書くものでしょう。まだ実績もないのに本を書くなんて葛藤もある」と相談しました。すると友人は、「ビジネスに成功しているとかではなくて、こういう問題があります。取り組んでいきますと問題提起して声をあげることでも価値があるのでは？」

さらに、「すぐ足元に、周りに、必要としている人がたくさんいると思っているから早く取り組みたいんでしょ？」と。

始める前に、これをやりますと宣言することほどこわいものはありません。

「できなかったら大ぼら吹きになっちゃうよ」

「それこそ孫さんとか柳井さん永守さんの大ぼら三兄弟の、四番目の妹みたいに思っていればいいよ」と背中を押してくれました。

確かに私にも問題提起で声をあげることはできる。Twitter やアメブロなど市場調査をすることで必要とされているサービスだと思うので、構想だけでも発表しようと思いました。私が納得するまで勉強して実績を積んでからだと遅すぎる。ＳＮＳも何年かかるかわからない。それならば、「挑戦できる今、私にできることをしよう」と。

＃映画上映会をする意義

毎年十一月二十二日を基軸として、翌日の祝日は家族イベントを開催していきたいと考えていました。（何がターニングポイントになるかわからないものです。老々介護の映画を観て老いを感じた時、大嫌いで別れたはずの元夫と再婚し、幸せに暮らす夫婦もいます）

社長に就任したとたん人が変わったように穏やかになり、家庭内別居が解消されるまでに至る方もいます。

離婚を考えている方たちの困った御主人たちはそもそも協力的ではない方も多い。意識変革やカウンセリングへの連れだしも難しい。しかしそういう方たちも家族で映画とあれば、もしかして来てくれ、何か感じ取ってくれるかもしれない……。そういう可能性も信じていきたいし、今対応中のご夫婦には特に見て頂きたいと思いました。

そして老若男女問わず「家族の大切さや幸せに再度向き合うこと」を映画を通して

感じて頂き、それぞれの契機にして頂きたい、との思いから映画『うまれる。』の続編『ずっといっしょ。』を創業イベントとして上映を決めました。

またこの映画は「児童虐待防止キャンペーン」「女性に対する暴力をなくす運動キャンペーン」をつけて開催致します。

それは私自身が離婚前にモラハラで大変だったときに、子どもたちが、元夫の枕元に児童虐待防止のためのパンフレットを置いたことから、同じような想いをもうどんな子どもたちにもさせたくない、そして女性への暴力の連鎖を断ちたいといった思いからきております。

今回は多くのソーシャルビジネス事業者や子育て支援施設の方にご協力頂き、三日間、五拠点で九回上映の開催となりました。

できるできないではなく、必要だからやる

株式会社も一般社団も二法人同時に立ち上げるなんて……、本も映画もあれもこれも手を出し過ぎでは、と思われます。

自分自身が一番大変で辛いし、休む暇もなく動くより本当はゆっくりと、相談業務だけを行い、時間のゆとりをもち、子どもたちと毎日を楽しんで過ごしたり、ときどきは休みたい気持ちもあります。

「事業にはどれも必要なことだからこそ、挑戦したい。与えられたチャンスは活かしたい」そう思いながら挑戦しています。

この今日の一歩が、微力ながら幸せな輝く女性を増やすお手伝いになればと心より願っております。

Epilogue

*Bonheur

本書をお読み頂き、誠にありがとうございます。また、本を手に取って下さった方、Re婚ビジネスに興味を持って下さった方、全ての方々に感謝申し上げます。

そして、私が今回本を執筆したことについて、もう一つ大切な意義があります。それは、これまで応援したりご協力頂いたりした皆様に対して、感謝の意を示すことです。

最初に目をかけて下さったSさんをはじめ、私に可能性を感じ手を差し伸べて下さった方々、未熟な私を助け支えて下さった皆様、事業の話を聞いて下さったり的確なアドバイスや厳しい目線で助言を頂いた方々など、関わって頂いた皆様に心より感謝申し上げます。

そして、これまで各交流会・勉強会・イベント等で縁を繋がせて頂いた方々や、次々と様々な方を紹介して下さりさらなるご縁をお繋ぎ頂きました皆様。

各種ビジネス講座の講師の方々、同期や御学友の皆様。

オフィスとして借りているＩＤＥＣ・Ｆ－ＳＵＳよこはまの皆様をはじめ、関内イニシアティブ株式会社様、ＮＰＯ法人横浜コミュニティデザイン・ラボ様などの起業支援事業者の皆様。

そしてお世話になっております各専門家の皆様や経験を参考にさせて頂いているRe活サポーターズの皆様、Re婚シェルジュの資格作りに関わって頂いている皆様、Pbシステム作成応援ページにご参加頂いた皆様、実務レベルで運営を支えて下さっている皆様、プロボノの方々。

在職中お世話になった勤務先の上司や同僚の皆様。

ウェブサイト作成等、創業や設立に際して御尽力頂いた皆様、上映会で共催、広報等でご協力頂きお世話になっている方々、プレスリリースに御尽力頂きました方々。

これまでお世話になりました元義理の家族や元夫、いつも暖かく支えてくれている知人、友人、親友、親戚、理解ある両親や弟家族、そして最愛なる子どもたち。

お一人お一人御名前をあげてお礼申し上げたいところですが、御顔を思い浮かべたところきりがないほどに多くの皆様に支えられ、ここ迄きましたことを改めて認識致しました。皆様への感謝の想いでいっぱいです。

そして最後に今回本の出版に御尽力頂きましたブレス小野様はじめとする出版関係

各位の皆様、構成・校閲等制作に御協力頂きましたKさんSさん、そして出版のお話を頂きました山中企画の山中様に感謝申し上げまして、本書のあとがきとさせて頂きます。

これまで御世話になりました皆様、誠にありがとうございました。

Appendix

Bonheur

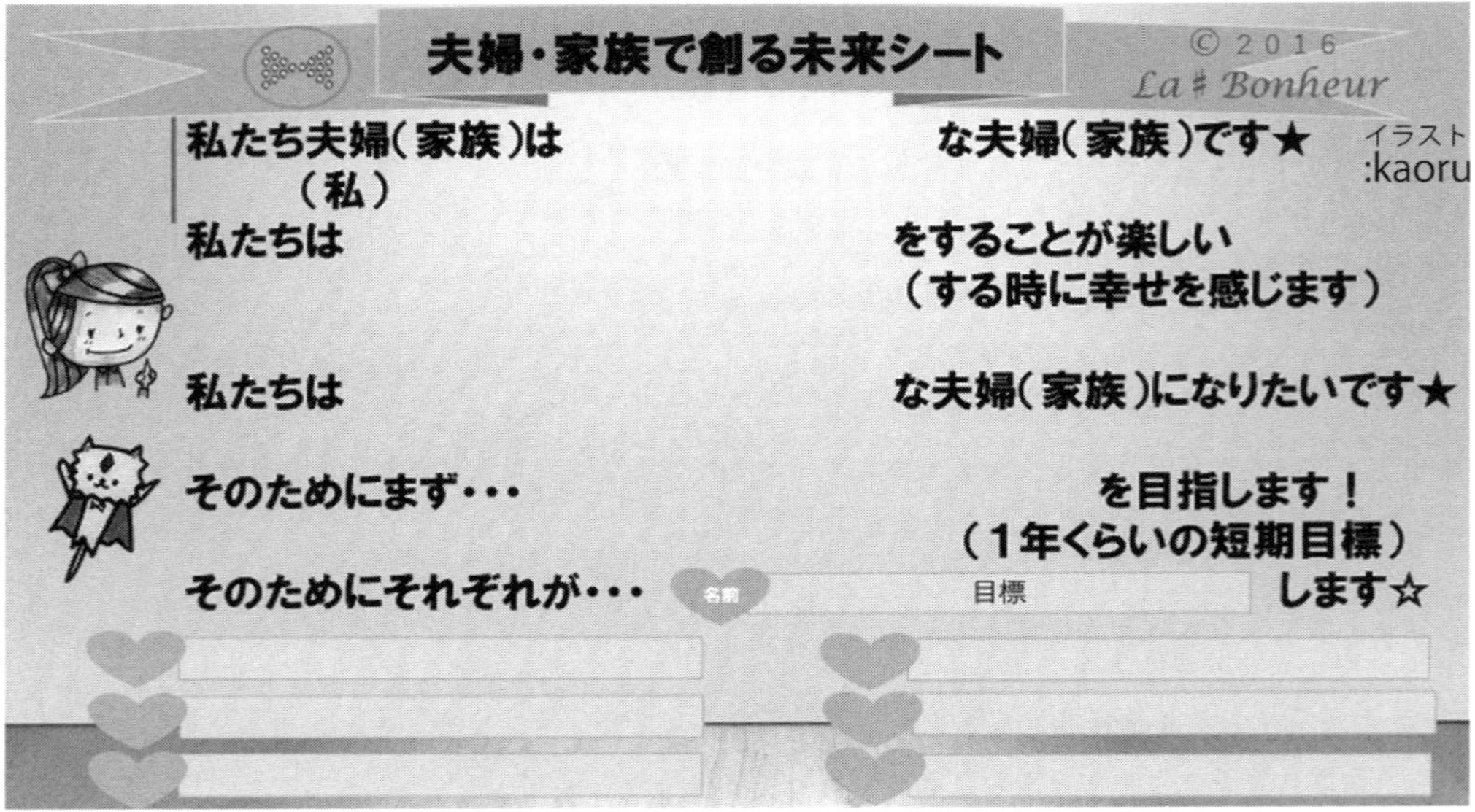
夫婦・家族で創る未来シート
© 2016
La♯Bonheur
イラスト
:kaoru
私たち夫婦（家族）は
（私）
な夫婦（家族）です★
私たちは
をすることが楽しい
（する時に幸せを感じます）
私たちは
な夫婦（家族）になりたいです★
そのためにまず・・・
を目指します！
（1年くらいの短期目標）
そのためにそれぞれが・・・
名前
目標
します☆

(記入例)

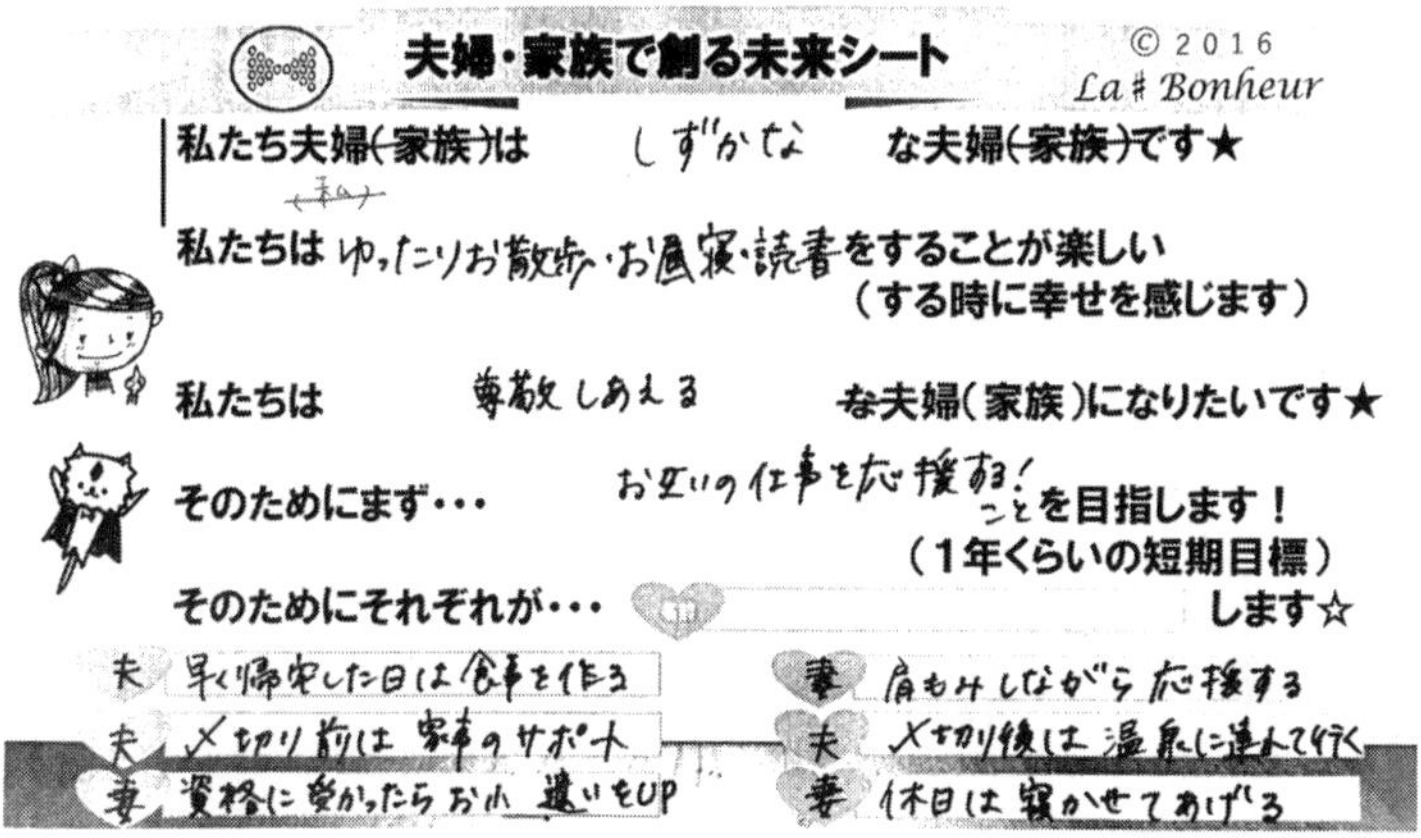
夫婦・家族で創る未来シート
©2016 La # Bonheur

私たち夫婦(家族)は しずかな な夫婦(家族)です★

私たちは ゆったりお散歩・お昼寝・読書 をすることが楽しい
(する時に幸せを感じます)

私たちは 尊敬しあえる な夫婦(家族)になりたいです★

そのためにまず・・・ お互いの仕事を応援する! ことを目指します!
(1年くらいの短期目標)

そのためにそれぞれが・・・ します☆

夫 早く帰宅した日は食事を作る
夫 〆切り前は家事のサポート
妻 資格に受かったらお小遣いをUP
妻 肩もみしながら応援する
夫 〆切り後は温泉に連れて行く
妻 休日は寝かせてあげる

(記入例)

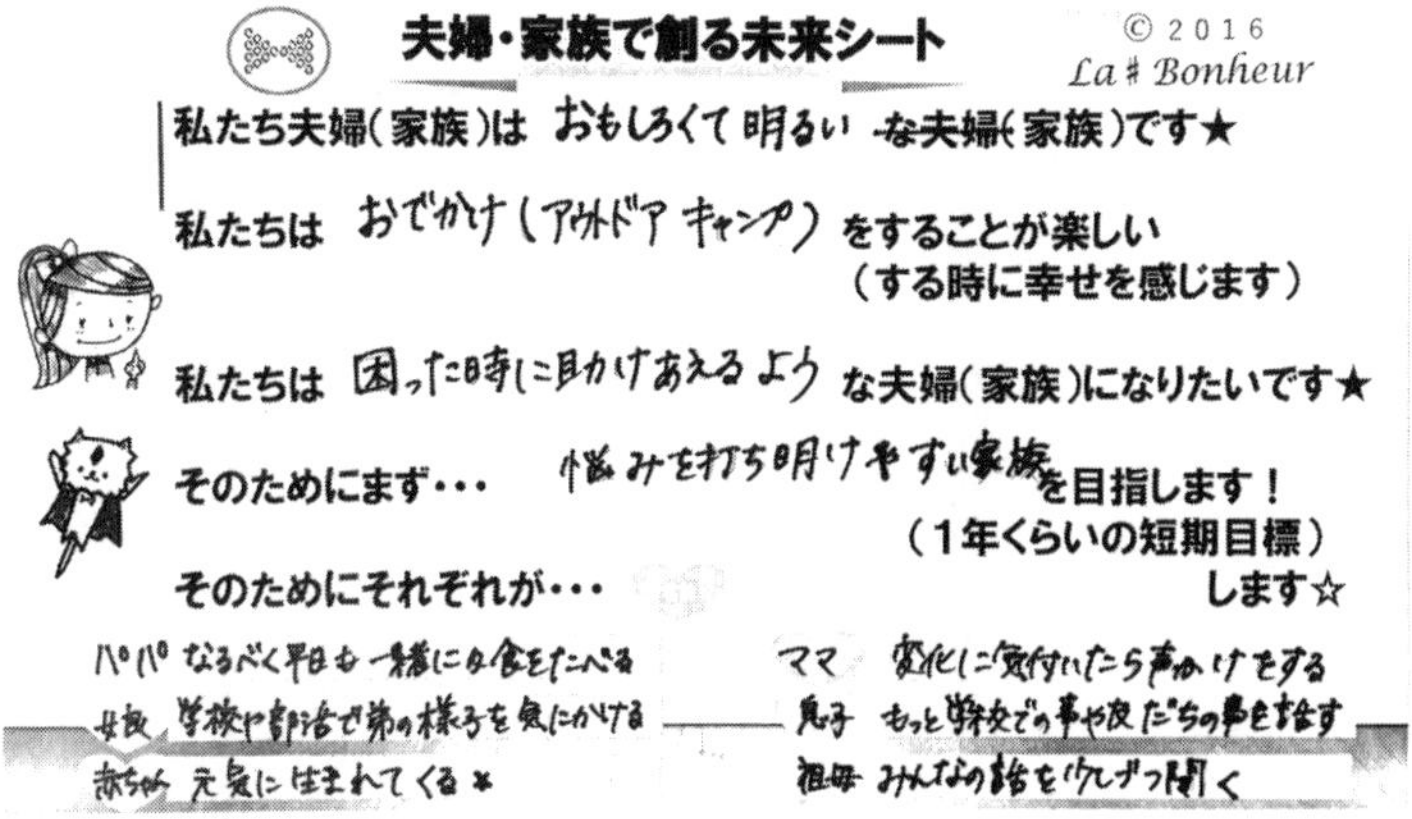
夫婦・家族で創る未来シート
©2016 La # Bonheur

私たち夫婦(家族)は おもしろくて明るい な夫婦(家族)です★

私たちは おでかけ(アウトドア キャンプ) をすることが楽しい
(する時に幸せを感じます)

私たちは 困った時に助けあえるよう な夫婦(家族)になりたいです★

そのためにまず・・・ 悩みを打ち明けやすい家族 を目指します!
(1年くらいの短期目標)

そのためにそれぞれが・・・ します☆

パパ なるべく平日も一緒に夕食をたべる
姉 学校や部活で弟の様子を気にかける
赤ちゃん 元気に生まれてくる★
ママ 変化に気付いたら声かけをする
息子 もっと学校での事や友だちの事を話す
祖母 みんなの話を少しずつ聞く

ピース No	項目	質問内容妻	Lv	夫 Lv	±
1－1	仕事①	家族優先 (家族のためにする。稼ぐのも家族のため)			0
1－2	仕事②	自己実現 (家族のために犠牲にできない。いきいきしたい)			0
2－1	家事①	しっかりやる (何がなんでもきちんと)			0
2－2	家事②	最低限 (洗い物が溜まっていても病気にならなければ良い)			0
3－1	子ども①	手塩にかけて大切にしたい (不妊治療・養子でも欲しい)			0
3－2	子ども②	野放しでも育つ (自由に育てたい・子どもは欲しくない)			0
4－1	家族①	求めるのは楽しさ (楽しくわいわいしたい。お出かけしたい。外食派)			0
4－2	家族②	穏やかに同じ家にいるだけでいい (休みの日はずっと寝ていたい。手料理派)			0
5－1	時間①	家族と共有したい (趣味も家族でしたい。いつも誰かといたい)			0
5－2	時間②	一人の時間を大切にしたい (趣味は家族と分けたい。友達との時間も作りたい)			0
6－1	お金①	節約したい (自分よりまず家族や子どものためにお金を貯める努力。貯金が得意)			0
6－2	お金②	使いたい (使えるうちに楽しく贅沢に暮らしたい。節約は苦痛)			0

この質問シートは「円満ピザ」を作るための質問項目を記載しております。「妻 Lv」「夫 Lv」には、1～10 までの数字を記入してください。
0 が良い 10 が悪いということはありません。お互いの違いを認識して尊重し、すり合わせをするためのチェックです。

± の結果	± 範囲	どのゾーンが多いのか調べよう	ボヌールのサービス
0	± 0	相性ぴったり☒夫婦円満です。La＃Bonheur(ラボヌール) で夫婦円満の秘訣を教えてください。	La＃Bonheur
3	± 1～3	夫婦関係は順調です。油断は禁物！ La＃Bonheur(ラボヌール) でさらに磨きましょう！	La＃Bonheur
6	± 4～5	多少のズレがあるかもしれません。円満 Re 活カフェでお喋りしましょう☆	Re 婚相談所
1	± 6～9	一度、ちゃんと向き合った方が良いかもしれません。幸せな毎日を送ってますか？	Re 婚相談所
0	± 9～10	離婚の危機？ 価値観が合わなくとも補い合いバランスをとれば OK!	離婚準備支援協会

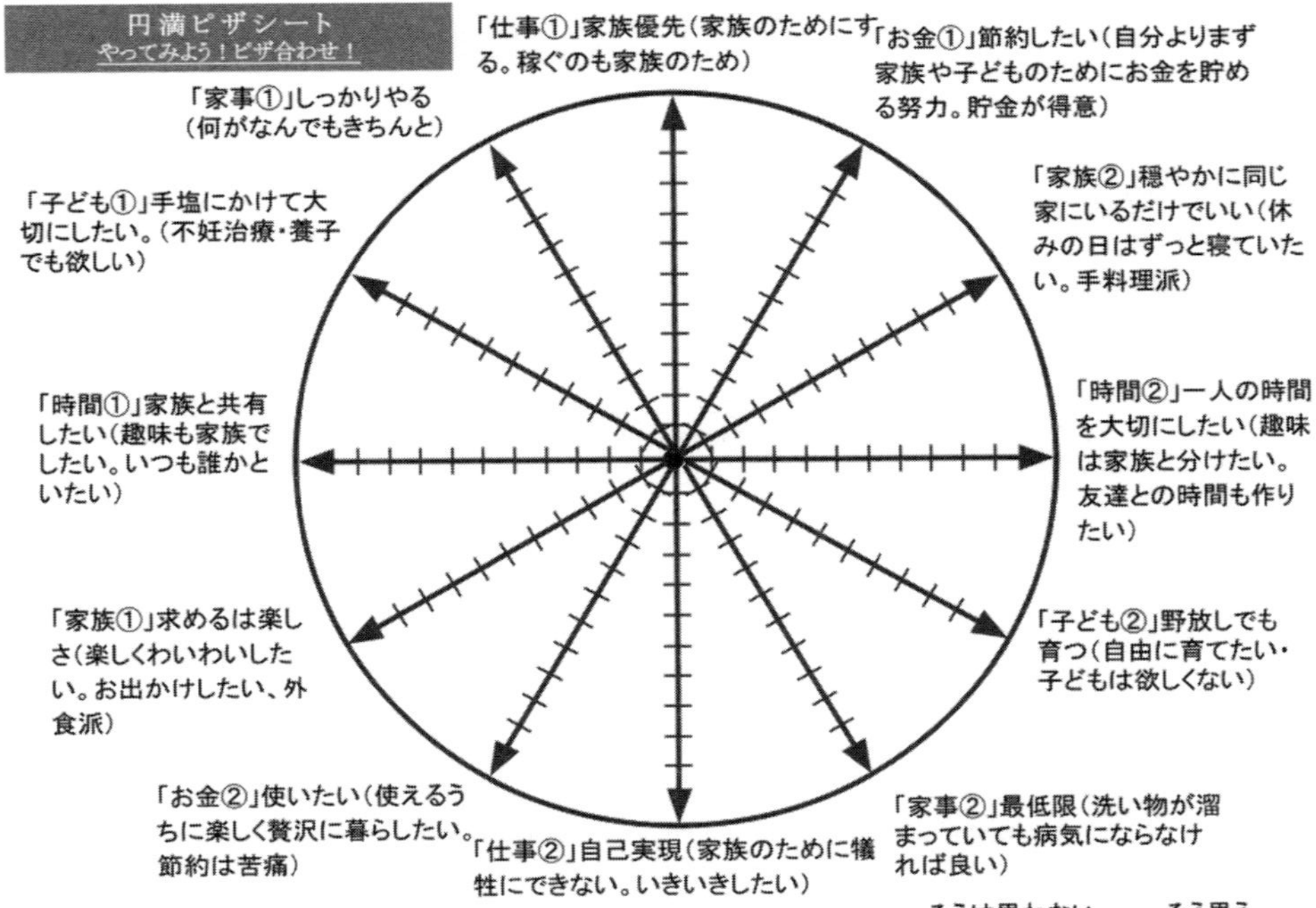
円満ピザシート
やってみよう！ピザ合わせ！
「仕事①」家族優先（家族のためにする。稼ぐのも家族のため）
「お金①」節約したい（自分よりまず家族や子どものためにお金を貯める努力。貯金が得意）
「家族②」穏やかに同じ家にいるだけでいい（休みの日はずっと寝ていたい。手料理派）
「時間②」一人の時間を大切にしたい（趣味は家族と分けたい。友達との時間も作りたい）
「子ども②」野放しでも育つ（自由に育てたい・子どもは欲しくない）
「家事②」最低限（洗い物が溜まっていても病気にならなければ良い）
「仕事②」自己実現（家族のために犠牲にできない。いきいきしたい）
「お金②」使いたい（使えるうちに楽しく贅沢に暮らしたい。節約は苦痛）
「家族①」求めるは楽しさ（楽しくわいわいしたい。お出かけしたい、外食派）
「時間①」家族と共有したい（趣味も家族でしたい。いつも誰かといたい）
「子ども①」手塩にかけて大切にしたい。（不妊治療・養子でも欲しい）
「家事①」しっかりやる（何がなんでもきちんと）
そうは思わない
そう思う
1 2 3 4 5 6 7 8 9 10

ピースNo.	質問内容	妻Lv.	夫Lv.	±
1-1	仕事は家族優先（家族のためにする。稼ぐのも家族のために）	8	3	5
1-2	仕事は自己実現（家族のために犠牲にできない。生き生きしたい）	8	1	7
2-1	家事はしっかりやる（何がなんでもきちんと）	8	3	5
2-2	家事は最低限（洗い物が溜まっていても病気にならなければ良い）	8	3	5
3-1	子どもは手塩にかけて大切にしたい（不妊治療・養子でも欲しい）	8	7	1
3-2	子どもは野放しでも育つ（自由に育てたい・子どもは欲しくない）	5	1	4
4-1	家族に求めるのは楽しさ（楽しくワイワイしたい。お出かけしたい。外食派）	7	3	4
4-2	家族と穏やかに同じ家にいるだけでいい（休みの日はずっと寝ていたい。手料理派）	0	3	-3
5-1	自分の時間をしたい（趣味は家族と分けたい。友達との時間も作りたい）	4	0	4
5-2	時間は家族と共有したい（趣味も家族とでしたい。いつもの誰かといたい）	7	4	3
6-1	お金は使いたい（使えるうちに楽しく贅沢に食いたい。節約は苦痛）	6	1	5
6-2	金は節約したい（自分よりまず家族や子どもはのためにお金を貯める努力。貯金が得意）	8	3	5

ここは
すり合わせが
必要かも、、

どのゾーン？

0個 ±0	相性ぴったり♥夫婦円満です。La＃Bonheur（ラボヌール）で夫婦円満の秘訣を教えて下さい。
3個 ±1～3	夫婦関係は順調です。油断は禁物！La＃Bonheur（ラボヌール）で更に磨きましょう！
8個 ±4～5	多少のズレがあるかもしれません　円満Re活カフェでお喋りしましょう☆　Re婚相談所
1個 ±6～8	一度、ちゃんと向き合った方が良いかもしれません。幸せな毎日を送ってますか？　Re婚相談所
0個 ±9～10	離婚の危機？！価値観が合わなくとも補い合いバランスを取ればOK！　離婚準備支援協会 「ピザ（価値観）の形が合わないから別れましょう。」「円満ピザ離婚、、、」

一見すごく形が違うようでも案外バランスが取れているようです

円満ピザチェック（記入例）

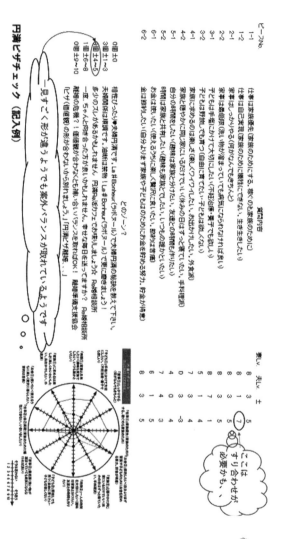

夫婦・家族で創る未来シート

これは夫婦・家族で理念や目標設定をして心を合わせていくためのシートです。

(個人それぞれの目標設定としても使用することも可能です。)

普段はなかなか家族では語り合わない、意識のしないことを語り合ってみてください。

毎年変わりゆくものだと思いますので毎年１１月２２日や年末年始、結婚記念日に決めていくのもいいと思います。

日ごろ家庭で話し合うのは難しいと思いますので今後　La#Bonheur でおこなっていくワークショップ「家族未来会議」などにお越し戴き作成していただければと思います。

(記入方法)

①まず夫婦・家族ならではのアイデンティティを認識します。他の夫婦・家族とは違うというところを見つけてください。(良いことばかりではなくて現状で、ケンカばかりであれば、ケンカばかりの家族です。となります。)

②それぞれが共通して楽しいと思えること、幸せだと感じることを書きます。

(楽しいこと・幸せと思うことを共有し感じることが大切です)

③どんな家族になりたいか理念 Vision を設定します。

(この Vision がぶれないように生活しましょう)

④それにより短期の目標を設定します。

(できるだけ細かく、はっきりとした目標が達成感があります)

⑤「未来の家族が輝くために今わたしができること」をそれぞれが書き出します

無理のない範囲で書きましょう。

⑥もし思い通りに進まない場合は責めたりせず目標を修正しましょう

円満ピザチェック

これは夫婦の考え方・価値観を認識し尊重しあうためのシートです。

０が良い１０が悪いということはありません。

考え方を見える化して相手の価値観への理解を深めたら、すり合わせた新しい夫婦としての価値観を生み出します。


（円満ピザチェック　方法）
①分析シートの設問１２項目に対して、そう思うは１０思わないは０として項目ごとに１０レベルまで選んで書き込みます。（直観でかいてください）
②お互いのレベルをピザシートに点で書き込んで線を繋ぎましょう。それぞれのペンの色を変えるなど工夫しましょう。
③お互いのレベルの差を項目ごとに計算して分析シートに書き込みましょう。
④出た差をどの幅のゾーンに該当するか振り分けていきましょう。
⑤振り分け先として一番多いゾーンはどこですか？

その結果によりボヌールのどのサービスがお勧めかわかります。

これは不変ではなくその時の状況・環境にもよります。例えば子どもが小さいときは家事をしっかりしようとしても難しい。奥さんがきっちりやりたい派で旦那さんが最低限でいいとしたら、、、子育てで家事がうまくいかない時、奥さんのストレスが溜まります。旦那さんに協力を求めてばかりではなく夫婦２人の時にできていたレベルを少し落としてみることも必要ではないでしょうか。また、仕事については子育て中は家族のために働いて大きくなったら好きなことをする。こともあるかもしれません。

価値観は変わりゆくものだということを認識すれば、状況・環境の変化によって溝が深まるのではなく、共に変化していけるのではと考えます。

La#Bonheur ではピザチェックをおこなっていくピザ作りワークショップを開催します。

お互いのピザ（価値観）とピザ（価値観）をすり合わせた形のピザを二人で焼きます。

初回ワークショップは 2017 年 1 月 22 日、日曜です。
詳細は Bonheur の HP や facebook で告知します。コラボ希望者もご連絡ください。各シートは web サイトでも配信します。
La#Bonheur のワークショップでは住まいのことから夜の生活に到る迄、他の要素（ピース）を加えたり変えたりして様々なバージョンを試すことができます。

Re婚相談所／Re婚シェルジュ

2016年11月30日　初版発行

著　者◆ナカヤ　タエ
発　行◆(株)山中企画
〒114-0024 東京都北区西ヶ原3-41-11
TEL03-6903-6381　FAX03-6903-6382
発売元・(株) 星雲社
〒112-0005　東京都文京区水道1-3-30
TEL03-3868-3275　FAX03-3868-6588

印刷所◆モリモト印刷
※定価はカバーに表示してあります。
ISBN978-4-434-22734-9　C0036